cómo
POTENCIAR TU
autoestima
¡y superar todos tus límites!

NÓSTICA
editorial

CÓMO POTENCIAR TU AUTOESTIMA
¡y superar todos tus límites!

© **Derechos Reservados**
Nóstica Editorial S.A.C. 2018
Según Ley N° 13714 y D. Ley 822

Autor: Equipo Editorial Nóstica
Coordinador: Bruno Olcese
Diseño y Diagramación: Juan Carlos Iparraguire
Correcciones: Sara Bravo

Editado por Nóstica Editorial S.A.C.
e–mail: atencionalcliente@nosticaeditorial.com
Primera edición. Noviembre 2018

ISBN: 9781729227886

ÍNDICE

6

INTRODUCCIÓN

De aquí a un tiempo, la autoestima ha sido y sigue siendo una palabra muy de moda. Todos hablan de la autoestima, ¿pero qué significa realmente? Como su nombre lo indica, tener autoestima es estimarse, quererse a sí mismo, es aceptarse, valorarse, amarse como uno es.

Todos tenemos una imagen de nosotros mismos. Podemos vernos persuasivos, influyentes, respetados, queridos, o podemos vernos despreciados, ignorados, incapaces de expresar nuestras ideas, nuestros sentimientos, incapaces de hacernos respetar, etc.

¿Cómo se formó esta imagen? Ello fue causa de cada detalle que aconteció en nuestra vida, desde el momento que venimos al mundo, y se basó en lo que sentimos de pequeños y cuando jóvenes como respuesta a nuestro entorno familiar o social.

¿Pero la autoestima es algo que nace ya con nosotros o es algo que se va formando? ¿Es posible cambiar una baja autoestima hacia una verdaderamente alta? Tanto la capacidad de valorarse a sí mismo como la incapacidad para valorarse es algo innato. Sin embargo, el valor que nos damos es algo aprendido, de modo que es posible cambiar nuestra autoestima. En los siguientes capítulos encontrarás el secreto para lograrlo.

DESCUBRIENDO
TU AUTOESTIMA

LO QUE DEBES SABER
SOBRE TI MISMO

¿CUÁN IMPORTANTE ES VALORARSE A UNO MISMO?

Valorar todo lo que uno es, en cuanto a sus rasgos físicos, en cuanto a sus diversos aspectos de pensar y de actuar es quererse a uno mismo. Es saberse con capacidades, es hablar y expresar lo que hay en nosotros. A esto se le ha llamado autoestima.

La autoestima no es cosa de un momento, de una temporada, pues ella se va forjando en los primeros años de nuestra existencia. Sentirse ofendido cuando no hay razón, creer que sus ideas no son tan buenas como las de su compañero de trabajo o de estudios, ansiar la apariencia física de alguien mientras se cree poco atractivo(a), sentir que a todos les va bien porque son mejores que uno es tener baja autoestima.

A los cinco o seis años se va tomando consciencia sobre quiénes somos al interactuar con el entorno. Desde esa edad, cuando estuviste en el colegio o en casa influyó mucho el trato de tus profesores, de tus compañeros y, por supuesto, de tu familia. Desde entonces te fuiste forjando una imagen de ti mismo hasta el día de hoy.

La autoestima es de enorme importancia en el triunfo personal y en el bienestar contigo mismo. Por lo general, la gente que tiene baja autoestima no puede lograr sus metas ni sus sueños porque siente una barrera de imposibilidad generada por su actitud de «no puedo hacerlo», «otros lo pueden hacer mejor», «otra gente pudiente y con estudios sí puede hacerlo, yo no», «tengo esta raza, este sexo y por eso no puedo», etc. Pero la importancia de la autoestima no sólo aborda el tema del éxito, también está presente en las relaciones sentimentales o familiares. Por ejemplo, se encuentra en un detalle simple como es comunicarte con tu pareja sobre desacuerdos e ideas, en aconsejar a tus hijos, en desenvolverte con tus amistades y con otras personas ya en tu trabajo, ya en reuniones.

LA AUTOESTIMA SE PUEDE MEJORAR

Es posible mejorar el amor y el valor por uno mismo en tanto que no es algo innato, sino aprendido. Aprender a tenerse estima es importante en cuanto influye en el comportamiento y la actitud, motores del crecimiento y del triunfo, o del fracaso, a lo largo de la vida.

Hay personas que confunden el significado de autoestima con la soberbia o el narcisismo. También es posible que tengas otros conceptos erróneos, por ello deberás repetir los significados que a continuación se te darán y deberás guardarlos en tu mente.

¿QUÉ ES LA AUTOESTIMA?

- Es hacer valer tus propias ideas y no dejarte influir por comentarios negativos en torno a tu persona.
- Es aceptar tus errores y tus talentos o acciones meritorias sin vergüenza, porque eres como eres y sabes que puedes mejorar.
- Es dejar de compararte con otras personas, pues has comprendido que cada quien es distinto y lleva sus realizaciones por diferentes caminos.

- Es mirarte y conocer tus virtudes, sintiéndote importante.
- Es tenerte dignidad, respeto y seguridad en lo que haces.
- Es sentirte contento con quien eres sin caer en la mediocridad.
- Es sentir orgullo de tus hazañas y capacidades.
- Es la capacidad de poder felicitarte y aplaudirte a ti mismo cuando realizas algo que consideres importante.

CONCEPTOS ERRÓNEOS DE AUTOESTIMA

- Es un error pretender lograr autoestima volviéndote egocéntrico.
- No es autoestima ser vanidoso.
- Comparar a cada momento los fracasos de otro con tus éxitos.
- Quererte no por tu propia persona, por tu actitud o dedicación, sino por bienes materiales, títulos o la cercanía a personas importantes como parte de tu círculo social.
- Creer que todos los demás son inferiores porque no son como tú.
- Hacer las cosas perfectas para poder valorarte.
- Tampoco es posible que sientas autoestima de un momento a otro porque es un proceso que necesita reflexión y ejercicios (aunque sencillos).

¿CUÁNTO MIDE
TU AUTOESTIMA?

¿TE HAS PREGUNTADO ALGUNA VEZ CUÁNTO MIDE TU AMOR PROPIO?
Hacerlo no es tan difícil, sólo basta recordar la infancia, la adolescencia y la juventud.

¿QUÉ COSAS MARCARON TU VIDA EN LA RELACIÓN CON TUS PADRES, CON TUS AMISTADES, EN LA ESCUELA?
La autoestima es un proceso que se desarrolla cuando uno es pequeño. La familia juega un rol muy importante que influye directamente en la actitud que uno tiene consigo mismo y en la imagen que uno posee de sí. La baja autoestima no siempre será causada por familias violentas, padres exageradamente severos e hirientes o padres aferrados a algún tipo de vicio. Como no existe una familia perfecta, es obvio que habrá ciertos elementos que propiciarán actitudes de poco amor propio. Sin embargo, ello se da en escalas.

Además de la familia, otros factores influyentes son la escuela y las amistades. Cuando uno es adolescente es muy susceptible ante las críticas relacionadas a la apariencia; de manera que los chistes y bromas en torno a ella con el nombre de «apodos», pueden resultar muy hirientes e incluso pueden llegar a generar conflictos en un muchacho o una muchacha. Janet, de 26 años, recuerda que se demoraba casi una hora peinándose frente al espejo para ocultar la forma de su cráneo, pues era llamada «cabeza de jarra».

Francisco llegó a detestar su cuerpo rechoncho porque era víctima de numerosas burlas, en especial odiaba sus caderas, pues decían que eran redondeadas como las de una señora.

Omar era un joven muy inteligente, pero la depresión lo invadía cuando solía mirarse al espejo o cuando recordaba apelativos como «cara de galleta» o «chupitos» en alusión a las secuelas de acné en su rostro, y Diana había llorado por el mismo problema también en su rostro.

Sin embargo, la apariencia no es el único aspecto que ensalza o debilita nuestro amor propio, sino que existen otros múltiples factores. Por ejemplo, que alguien te llame «inútil» o te diga que vienes a calentar el asiento porque no rindes en clases puede marcar tu vida. Mucho cuidado con las agresiones de este tipo, pues están creando sin saber personas con actitudes de «yo no puedo» «yo valgo menos», y muchas parecidas.

No obstante, ello puede cambiar, de manera que puedes empezar a proyectarte una nueva actitud, un amor y valor que te liberará de los sentimientos de inferioridad e inseguridad. A medida que vayas leyendo este libro descubrirás muchas cosas sorprendentes.

RECUERDOS DE LA CREACIÓN DE TU AUTOESTIMA

Las personas que tienen alta autoestima han sido generalmente criadas en un hogar en donde se les impartía aliento, se les hacían comentarios positivos en torno a sus méritos y cuando fracasaban les decían «ánimo, tú puedes lograrlo si te esfuerzas» «puedes ser el mejor» y se les felicitaba por pequeños logros. El ambiente de cordialidad, de reconocimiento hacia sus preferencias, de cariño y aceptación de errores fueron forjando su autoestima. Y desde su niñez, poco a poco fueron sabiendo quiénes eran al escuchar sus nombres con amor, al recibir cariños de sus padres, al escuchar aplausos por pintar, al escuchar una y otra vez sus nombres con palabras que las engrandecían.

No sucede así con las personas que tienen baja autoestima. A menudo ellas no pudieron recibir muestras de afecto ni felicitaciones por sus buenas actitudes o acciones, ni tampoco escucharon su nombre con algo positivo. Por el contrario, estas personas escucharon sus nombres con insultos, con agresiones físicas acompañadas de expresiones como «inútil», «no sirves para nada», «¿por qué no eres como otros?», «haragán», «bruto(a)», etc. Entonces esas palabras se van grabando en el subconsciente para quedarse allí y conformar nuestras actitudes, para sentir cuánto valemos, que en este caso se pensará erróneamente que es poco.

- *Ahora ya sabes:* La comparación, las palabras negativas e hirientes hacen olvidarnos o ignorar lo que en realidad valemos. En nosotros hay alguien grande, pero necesitamos utilizar nuestra mente, para aceptarlo. Y recuerda: uno es lo que cree que es.

LA AUTOESTIMA INFLUYE NUESTRAS ACTITUDES Y COMPORTAMIENTOS

La autoestima juega un rol muy importante en nuestro comportamiento y nuestras actitudes, de tal manera que cuando nos sentimos poco valorados, sentimos que no somos importantes ante las demás personas, actuamos de manera negativa y tenemos una pésima actitud frente a la vida. Por ejemplo, muchas personas que se han visto maltratadas y se sienten heridas porque no se han sentido amadas ni respetadas optan por vicios como el consumo desmesurado de cigarrillos y sustancias alcohólicas, por no mencionar otras que son peores. Y es que cometen un terrible error.

EL GRAN ERROR

El gran error consiste en que permiten la dependencia de su autoestima en otras personas; eso quiere decir que se sienten valiosas si otras personas las consideran así, pero es un error porque la autoestima se trata del amor de una persona a sí misma. Tal vez eso era todo lo que teníamos de pequeños para sentir que valíamos, pero ahora que somos jóvenes o adultos necesitamos sólo de nosotros mismos para tener esa capacidad de amarnos. Te preguntarás cómo se podría obtener tan buenos resultados. La respuesta se encuentra en dos elementos que son de mucho poder.

Veamos:

- **EL RESPETO DE UNA PERSONA POR SÍ MISMA Y LA AUTOCONFIANZA**
  La autoestima no se ha de buscar esperando que otras personas nos valoren y nos aprecien, debemos empezar a hacerlo por nuestra cuenta. Para lograr consolidar una alta autoestima, debemos empezar por respetar a nuestra propia persona y empezar a sembrar la confianza en nosotros mismos.

  ¿Qué significa respetarse? Respetarse quiere decir que no permitimos que otras personas pongan en juego nuestro bienestar y nuestra satisfacción. Quiere decir que nuestros derechos valen como los de cualquier otra persona, por eso somos nosotros quienes decidimos qué cosas aceptamos y cuáles no. Quiere decir también que no ponemos en riesgo nuestra integridad como personas.

  ¿Qué significa la confianza en sí mismo?
  La confianza en sí mismo se refiere a la confianza que se tiene en las propias ideas, en la libre expresión, en lo que podemos lograr y en nuestras virtudes.

De este modo la autoestima se proyecta hacia la felicidad y los éxitos personales. No pierda de vista estos dos factores porque los encontrará relacionados al hablar del amor propio.

¡Cuán importante es que tengas confianza en ti mismo! Ésta es la base para lograr lo que te propongas, aunque es fácil decirlo, mas ponerlo en práctica es difícil ya que requiere de un proceso de autoconvencimiento (En páginas posteriores encontrarás la fórmula para lograrlo). Es un error pretender decirte «voy a tener confianza en mí mismo», pues las cosas no funcionan de manera tan simple, en especial cuando hablamos de una característica ligada a la autoestima. ¡Tomó toda una vida haber formado la autoestima presente!

Si bien el proceso no es imposible ni extraordinariamente difícil, requiere un proceso de entrenamiento como se verá más adelante.

- **LA VOLUNTAD DE ESCUCHARTE**
La voluntad de escuchar la voz de la consciencia que nos pide comportarnos o pensar de cierta manera no siempre se da, pues ocurre que muchas veces preferimos cerrar nuestros oídos y hacer caso omiso de lo que sabemos es lo correcto. Preferimos olvidar el respeto.

Piensa, por ejemplo: Una mujer sabe que está comprometida con su novio, sin embargo, opta por asistir a una fiesta un tanto alborotada con sus amigas solteras, donde sabe que puede tomar muchas copas de más y tener un comportamiento poco adecuado, pero aún así prefiere asistir y hasta olvida lo que pudo suceder en dicho acontecimiento. Es un ejemplo (tal vez drástico) de apagar la luz de la consciencia por el simple hecho de quererlo así.

El respeto por nosotros mismos es escuchar a nuestra consciencia.
Ahora ello no significa que haya cosas prohibidas tratándose

del ejemplo anterior, pero quiere decir que si hemos hecho un compromiso con nosotros mismos y con otra persona debemos cumplirlo. Simplemente es eso. En este caso, el compromiso con nosotros mismos sería buscar valorarnos para desarrollarnos personalmente y tender al éxito.

La autoestima se encuentra en nosotros como la voz de nuestra consciencia que siempre nos está cuidando o aconsejándonos cosas positivas, aquella que nos dice «no hagas esto...», «no te conviene hacer esto...», «haz lo siguiente...», etc. No hacerle caso es rechazarnos.

LA FALSA AUTOESTIMA

Debes tener cuidado de no equivocarte en la búsqueda del valor propio, pues es posible que caigas en el engaño en donde han ido a parar personas que se consideraron importantes y valiosas, pero acabaron sintiéndose nada. ¿Cómo sucedió esto? Ocurrió por una confusión entre la falsa y la verdadera autoestima.

La falsa autoestima está cimentada en el valor que una persona se puede profesar atribuyéndose amor a sí misma, pero gracias a las cosas materiales y/o superficiales de las que hace gala. Por ejemplo, hay personas que basan su valor dependiendo del auto que tengan, de su apariencia física, de las conquistas hacia el sexo opuesto, de sus propiedades, de su dinero, de la gente rica de la cual se rodea, y similares. Si no tuvieran todas esas comodidades, ni tuvieran a quien presumir sus objetos y «hazañas», no sentirían que valen tanto. Esta confusión es peligrosa porque la belleza de la apariencia física sólo dura en la juventud, las propiedades pueden perderse o, si es muy rico, lo más probable es que esté rodeado de interesados materiales y de envidia.

La verdadera autoestima está basada en la propia persona, en lo que vale con sus actitudes, con sus comportamientos, en la forma de procesar las cosas negativas en positivas, en el respeto y la dignidad.

La verdadera autoestima permite el desarrollo de la persona y le permite sentir orgullo de sus talentos, de su perseverancia, transmitiendo la alegría de vivir. Nadie más que uno mismo puede saber cuánto vale, nadie tiene por qué ponernos un precio o fijar cuánto valemos basándose en nuestra indumentaria, en nuestra apariencia, en nuestros ingresos, en nuestros objetos.

EL HOMBRE QUE VALÍA CINCO DÓLARES

- Lectura 1 -

Iba un sabio caminando acompañado de una sencilla y desgastada bicicleta por la vereda de una calle solitaria.

Dedicado a la investigación y amante de los paseos al aire libre, tuvo la mala suerte de encontrarse con un hombre que iba en un auto del año, con gafas oscuras y un terno de fina tela. Tal vez en un conflicto interior estacionó su auto junto al sabio.

- Me han dicho que eres sabio, pero yo te veo sólo como un hombre común y corriente caminando con una bicicleta vieja y un pantalón gastado. Tampoco tienes rostro de sabio., Si te llaman así, debe ser porque algo debes saber. Dime tú, ¿cuánto crees que vale una persona?

El sabio siguió caminando mientras empujaba su bicicleta.

El auto le seguía lentamente:

- Mucho- respondió.

- Ja, ja, ja – carcajeó el hombre – eres un impostor.

– Mírame bien, ¿cuánto crees que valgo yo y cuánto crees que vales tú?

El sabio le miró y se miró.

- ¿Y bien? – dijo el hombre impaciente, esperando reafirmar su ego. En realidad lo necesitaba.

- ¿Según tú o según yo? ¿Según la mayoría de hombres como tú o según la mayoría de hombres como yo? – Preguntó el sabio con serenidad mientras llevaba su bicicleta con cariño.

- Según yo, según la mayoría de gente como yo, no de locos como tú – dijo el hombre con sonrisa irónica.

- Cinco dólares – dijo el sabio mientras caminaba mirando el horizonte.

- ¿Cinco dólares?- contestó el hombre ofuscado – No seas ridículo, ¿no ves el auto que llevo? Ni una llanta cuesta así. ¿Has observado el traje que llevo?, ni un bolsillo vale así. Y dime, ¿has observado el reloj de oro que llevo en la mano? ¿Sabes cuánta gente me admira?

- No – contestó el sabio.

- Entonces explica tu respuesta incoherente   – dijo el hombre.

- Ni el auto, ni las llantas, ni el traje, ni el bolsillo, ni el reloj ni la correa del reloj son parte de usted.

Ahora, su forma de calcular el valor de una persona (extraña forma) se basa en lo físico y en lo material; basándome en lo que sólo pertenece a usted que son sus huesos, su piel y su carne, calculo unos cinco dólares aproximadamente. Los estudios de bioquímica al pulverizar un cadáver de 1.70 metros de estatura y 73 kg. de peso cotizaron sus diferentes componentes como lípidos, carbohidratos, aminoácidos, minerales, proteínas, etc., en ese precio.

- De modo que tú crees que valgo cinco dólares – repuso el hombre un tanto disgustado.

- Tal vez me haya equivocado, tal vez sea cinco dólares con setenta centavos... parece un poco más alto de 1.70 metros – dijo el sabio.

- Y dime, ¿tú cuánto vales?, imagino que mucho menos de cinco dólares, no eres muy alto que digamos – repuso el hombre con una ironía forzada.

- Mucho – contestó el sabio mirando el horizonte y, doblando la esquina en sentido contrario, se alejó hacia su casa sonriendo para sí mismo.

* Recuerda que el valor no depende de otras cosas, de nada; sólo depende de lo que hay en tu interior.

EL GLOBO NEGRO

- Lectura 2 -

Todos los días un hombre salía a vender globos, pues se ganaba la vida con ello. Cierto día se le apareció una banda de muchachitos traviesos e hicieron volar parte de sus globos, los cuales eran de colores muy variados. Sin embargo, los de color negro no habían volado porque estaban muy bien sujetados. Pero el hombre era muy inteligente y no dejó que ese incidente malograra sus ventas.

Un niño ya en grado escolar que había estado observando todo desde un rincón no dejaba de mirar los globos. Percatándose de esto, el buen hombre se acercó y le dijo: ¿Por qué estás apartado? ¿Por qué no vas a jugar con los demás niños? El pequeño bajó la cabeza y se miró los oscuros brazos. Entonces el hombre entendió que su cabello rizado y su piel chocolate eran causa de su soledad, pues el niño no se sentía bien consigo mismo. Objeto de burlas y de apodos de sus compañeros, deseaba ser como los demás.

- Te regalaré un globo si vas a jugar- dijo el globero para animarle.

- Ellos seguro no quieren- respondió el niño.

- Te apuesto a que sí- dijo el globero y el niño sonrió, pero antes le quiso hacer una pregunta y el hombre, adivinando, le preguntó si deseaba algo más.

- Yo quería saber si el globo negro también vuela- dijo el niño.

El buen hombre separó un globo negro y lo hizo volar. El niño miró asombrado cómo se elevaba por los cielos hasta perderse en la inmensidad.

Y mientras miraba escuchó lo que el globero le dijo: No importa el color ni la forma de un globo, siempre podrá volar porque todos llevan dentro lo mismo y están hecho de lo mismo.

¿Cómo se refleja la autoestima?
Generalmente se puede reconocer a una persona cuando tiene alta autoestima. Por ejemplo, ello se ve en la postura derecha, en la mirada al frente, en los pasos firmes y la voz serena, clara. En cuanto a la actitud se puede observar la forma de comportarse, de hablar sobre sus logros o fracasos, así como el buen sentido del humor, el no sentirse afectado por las críticas y en la capacidad para recibir halagos. Se observa un aura que inspira confianza y bienestar.

Pero se ha de comprender que tener alta autoestima no quiere decir que nunca se sentirá tristeza, ni pena o sufrimiento. Te preguntarás entonces ¿cuál es la diferencia con la baja autoestima? La diferencia se halla en la capacidad de levantarte o de asumir tus penas o fracasos, pero sin sentir que eso afecta 100 % tu vida. La diferencia también se halla en la búsqueda de superación en casos similares.

Se debe tener cuidado, pues hay personas que confunden la alta autoestima con egolatría. ¿Cuál es la línea que las separa? La soberbia, la jactancia y los pensamientos de absoluta superioridad suelen parecer síntomas de exagerada autoestima, pero en realidad no reflejan sino la carencia de amor de una persona por sí misma.

Si esto ocurriera, examínate tú mismo(a) y busca el verdadero amor hacia tu persona.

EL CONOCIMIENTO
Y LA AUTOESTIMA

CONOCER PARA ELEVAR TU AUTOESTIMA

Una forma de elevar tu autoestima es elevando tu conocimiento. No hace falta que seas un genio o que hayas estudiado en los mejores lugares. Concéntrate en lo que realizas ya en el trabajo, ya en tus estudios o en algún proyecto; consigue la mayor información posible y llénate de conocimiento.

Recuerda lo bien que te sentías cuando sugeriste soluciones para algún problema o cuando inventaste alguna estrategia para hacer las cosas más fáciles. Sin duda, te sentiste bastante bien contigo mismo y ello fue producto de tus conocimientos, por lo tanto no desestimes este consejo.

Una persona que sabe que sabe, siente más seguridad consigo misma. Por otro lado, el conocer que es parte de un universo tan grande y tan complejo, así como la voluntad de ser mejor, puede llevar a potenciar tu autoestima logrando separar tus problemas cotidianos de tu imagen personal.

NO IMPORTA LO QUE DIGAN LOS DEMÁS, TÚ TIENES LA PALABRA

El entorno es un influyente directo sobre el valor y el amor que sientes por tu propia persona, por ello es muy importante saber manejar las críticas y comentarios que hagan los demás sobre lo que haces, especialmente si lo consideras de gran envergadura.

Aprende a pensar por tu propia cuenta y a hacer caso omiso de lo que digan tus compañeros, tu familia o tus vecinos. Y cuando quieras emprender algo por muy sencillo que sea, nunca hagas caso a lo que «dicen todos» o a lo que «es imposible».

A veces los problemas suelen crear conceptos erróneos de la gran capacidad que tienes, por ello separa los problemas de tu imagen y de lo que quieres hacer. Busca actuar por tu propia cuenta, y toma tus propias decisiones aun cuando sean muy pequeñas o cuando se presenten ocasiones de poca importancia, como elegir el modelo o color de ropa, salir hacia algún lugar, o elegir el programa que deseas ver, etc.

TUS DESEOS VALEN UN TESORO

Siempre haz respetar tus deseos pero sin imponerlos, pues vale más entablar un acuerdo. Si tus amistades o las personas que frecuentas no toman en cuenta tus deseos, mejor apártate de ellos, pues no te valoran lo suficiente.

Tus deseos valen un tesoro porque gracias a ellos podrás llegar a donde desees si es que pones voluntad y les haces caso. Sin embargo, debes saber diferenciar entre deseos constructivos y deseos destructivos, los cuales pueden dañar a otras personas y a ti mismo.

Todos nosotros guardamos en nuestros sueños o en nuestra no consciencia deseos que pueden ser peligrosos en tanto que van contra la moral expresada en el lado más objetivo posible. Esos deseos pueden pedirte o tentarte hasta volverte débil y hacerte presa de acciones reprobables que a la larga traerán arrepentimientos. Por lo tanto, traza una línea entre esos tipos de deseos.

Cuando un deseo es constructivo y se le presta atención para cumplirlo, se está dando un paso para mejorar la calidad de vida. Pero cuando un deseo es inaceptable y aborda tus debilidades logrando llevarlo a ahondar tus problemas, hay una sensación de descontento, de insatisfacción con tu persona. Por ejemplo, si estabas a dieta luchando por conservar un peso saludable y además una figura estética, pero hiciste caso a la tentación de comer aun cuando no sentías hambre, te sentirás terrible y acaso querrás echar todo por la borda.

Si presentas estos conflictos con problemas parecidos, vale más que aprendas a controlarte, a incidir en la fuerza de voluntad. ¡Qué bien se siente uno cuando ha podido huir de las tentaciones que impedían lograr sus objetivos! La próxima vez que tengas este tipo de conflictos piensa en lo triunfante que te sentirás al permanecer firme en tus deseos.

Busca acciones por las cuales tengas que enorgullecerte, pues las acciones denigrantes o que agravian tu dignidad difícilmente podrán ayudarte a potenciar tu autoestima. ¿Quién podría enorgullecerse de hurtar, de engañar, de calumniar? Tú puedes crearte a ti mismo(a) eligiendo caminos y decisiones que te hagan grande.

¿POR QUÉ BUSCAR UNA ALTA AUTOESTIMA?

DIEZ MOTIVOS PARA APRENDER A QUERERTE A TI MISMO(A):

1. Porque necesitas encontrar tu identidad respetando tu individualidad en tanto que eres un ser único.

2. Porque aprendiendo a quererte podrás valorarte y de esta manera motivarte en cuanto a tus logros en la vida.

3. Porque la forma en cómo te ves y cómo te sientes repercute en tu trabajo, en tus estudios y en tu hogar.

4. Porque te brinda satisfacción en la vida en tanto que te sientes satisfecho y aceptas tus defectos y virtudes.

5. Porque puedes ser capaz de grandes cosas entendiendo que vales mucho.

6. Porque nadie podrá hacerte daño con sus críticas ni podrá llenarte de complejos, pues la persona que se ama a sí misma se acepta como es y sabe quién es realmente.

7. Porque tener un autoconcepto positivo de ti mismo(a) repercute en tu vida social.

8. Porque gracias al valor que te tienes, en cuanto que eres una persona única, puedes interpretar la realidad y tener la capacidad para juzgar acertadamente tus propias experiencias.

9. Porque gracias al amor y al valor que sientes por tu persona puedes alcanzar el bienestar interno, clave para la felicidad.

10. Porque sintiendo dicha por los motivos ahora revelados, podrás gozar de buena salud y podrás contribuir al mundo (a tu entorno) con tu fortaleza.

CREANDO TU AUTOESTIMA

Son muchas personas las que fueron influenciadas para tener una visión distorsionada de lo que en verdad son. A lo largo de tu vida, tal vez fuiste tratado incoherentemente, pues tal vez recibiste reprimendas que te hacían verte inferior ante los demás; tal vez fuiste objeto de comparaciones o de palabras hirientes si no es que fuiste agredido (en todos los aspectos posibles). Sin embargo, tú tienes en tus manos volver a crear tu identidad o tu imagen. Puedes ahora volver a crearte a ti mismo(a). ¿No es genial? ¡Claro que lo es! Ten en cuenta los siguientes pasos y dentro de poco, cuando te mires al espejo, o mejor aún, cuando te mires con los ojos cerrados y examines tu interior, verás quien realmente eres: un ser único y valioso, lleno de potencialidades.

Pasos:

• **Primer paso:** Acéptate tal y como eres. Acepta tus fracasos y tus éxitos. Acepta tus virtudes y defectos, pero siempre busca mejorar en lo posible, con una buena actitud. Identifica y acepta tus cualidades y defectos.

- **Segundo paso:** Haz planes y pequeñas metas fáciles de cumplir y felicítate por cada logro.

- **Tercer paso:** Aprende a sentirte contento en soledad disfrutando de tu propia compañía. Busca un tiempo para estar solo(a), medita sobre lo que sientes, sobre lo que desearías hacer, sobre lo que piensas de tus situaciones más prioritarias.

- **Cuarto paso:** Cree en ti mismo. Repítete a menudo que todo es posible, sólo necesitas desear. Confía en ti. Siempre di «yo puedo lograrlo».

- **Quinto paso:** Realiza lo que te dicten tus sentimientos y pensamientos. Ello te hará muy feliz.

- **Sexto paso:** Nunca te compares con otras personas y mucho menos busca ser como otros. Respeta tu individualidad y siéntete orgulloso de ser quien eres.

- **Séptimo paso:** Concédele valor a todo cuanto haces y todo cuanto vives. Cada experiencia es importante.

- **Octavo paso:** Cada vez que te mires o hables de ti hazlo con amor aceptando cada detalle de tu persona. Aprende a sentir amor propio.

LA IMPORTANCIA DE LA AUTOESTIMA

¿QUIÉN ERES TÚ?

Tú llegarás a ser lo que crees que eres. Ello está determinado por la forma de la crianza en el hogar y el trato en la escuela generalmente. La etapa de la infancia es muy importante en la formación de la autoestima, pues cada detalle vivido marca impresiones, sentimientos y toda la complejidad que un individuo puede encerrar.

Existe una relación directa entre los conflictos familiares y las experiencias negativas, llegando a producirse una baja autoestima. Por el contrario, las relaciones positivas, la armonía en el hogar y en el entorno promueven una alta autoestima. Es de ese modo que se va generando una consciencia de nuestro propio yo.

¿POR QUÉ POSEER UNA ALTA AUTOESTIMA?

Los beneficios y satisfacciones que trae son muchos:

- Conlleva a la felicidad: Tener alta autoestima genera satisfacción y bienestar consigo mismo; por tanto, la persona siente felicidad y alegría de vivir. Sentirse bien consigo mismo atrae la simpatía de otras personas pues se es más extrovertido, de modo que se genera simpatías, entablando relaciones sociales que enriquecen la vida.

- Conlleva al triunfo y a los éxitos: una persona con alta autoestima se siente con capacidades y puede hacerse metas con la convicción de lograrlo. Desarrolla sus talentos y los pone en práctica porque tiene confianza en sí misma; ello es lo que produce el éxito y es causa de sus triunfos.
- Además, con una alta autoestima una persona podrá ofrecer lo mejor de sí.
- Podrá disfrutar de la compañía de los demás gracias al respeto que se inspira a sí misma.
- Podrá ser quien realmente quiere ser.
- Podrá aprender a ser comprensiva.

MANIFESTACIONES DE UNA BAJA AUTOESTIMA

Tener baja autoestima no significa que se esté repitiendo «no valgo nada» o « todos son mejores que yo», ya que puede manifestarse de formas diversas.

Por ejemplo, las personas que tienen altibajos emocionales o las que son muy sensibles o las que son demasiado pesimistas, que sólo buscan oscurecer un buen asunto, o las personas que siempre están enfadadas, en el fondo sienten dolor, se sienten culpables y hasta impotentes; ello es producto de una baja autoestima.

En otras palabras, las personas que tienen baja autoestima generalmente no tienen confianza en su capacidad, si se desenvuelven en un centro de estudios o de labores no pueden rendir bien; ello produce infelicidad.

FACTORES EN LA FORMACIÓN DE LA BAJA AUTOESTIMA

La familia
La familia se encarga de formar en primera instancia. Se ponen

reglas de acuerdo a la cultura y a su forma de concebir la realidad. La forma de crianza de los hijos está basada en patrones de la sociedad. ¿Por qué se genera la baja autoestima? La persona que influye en los sentimientos de inferioridad no siempre es consciente. Ocurre que en colegios, profesores y auxiliares humillan al alumno, haciendo comparaciones o incluso imparten violencia; en casa puede ocurrir por familiares o por los mismos padres que agreden con palabras ofensivas y de desprecio. Los niños y los adolescentes son muy vulnerables, entonces quedan marcados.

El colegio

Muchas veces ocurre que los profesores están capacitados para impartir conocimientos pero no para tratar a los alumnos, de modo que con ciertos comentarios pueden hacer que el niño se sienta marginado o herido. Eso sin contar con los docentes que admiten el castigo físico con una regla, con un jalón de orejas o con humillaciones. Como resultado se tendrá un futuro joven o adulto con poco amor propio.

La comunicación

Hay padres y docentes que no tienen la capacidad para comunicar lo que desean, entonces usan la violencia para poder dominar o imponerse ante situaciones que quisieran, pero no pueden controlarse. Estas personas tienen baja autoestima, pues usando la violencia intentan reparar su sentimientos de inferioridad. Lo más grave e injusto es que suelen transmitir esta baja autoestima en sus víctimas.

La sociedad

La sociedad imparte sus reglas y sus costumbres teniendo como base un modelo de acuerdo a la cultura. Por ejemplo, los habitantes del campo suelen tener costumbres diferentes a los de las zonas urbanas. Esos detalles influencian en la persona, de tal modo que si se actúa de forma distinta, se suele sentir culpa o se suele sentir inadaptación.

LA ESCALERA

- Lectura -

Hace mucho tiempo diez científicos trabajaron en un proyecto muy curioso para tratar de demostrar una estructura de ideas repetitivas. Para ello consiguieron cinco monos y los metieron en una jaula provista de una escalera en una de las paredes.

Los monos intentaban subir por la escalera para tratar de coger los plátanos colocados en el techo, sin embargo, nunca lograban su cometido porque cada vez que uno lo hacía, una manguera bañaba a todos en agua fría.

Fue así que los monos desistieron de coger plátanos y si alguno casualmente hacía amago de subir la escalera, todos le agredían utilizando palos y gritando. De modo que nadie ya intentaba hacerlo.

Al enterarse que la «fase 1 estaba cumplida»(es decir, ya ningún mono intentaba subir por la escalera para coger los plátanos), los científicos pasaron a la fase 2, que consistía en reemplazar a un mono por otro nuevo.

El nuevo mono observó el techo de plátanos y se dirigió a la escalera para hacer el intento de subir, sin embargo, todos armaron un alboroto y lo agredieron. Y aunque el nuevo mono no entendió por qué, aprendió a no asomarse por la escalera.

Los científicos quitaron un antiguo mono y lo reemplazaron por otro nuevo. El mono intentó subir la escalera pero todos lo agredieron, en especial el primer mono que fue sustituido.

Sucedió que reemplazaron un nuevo mono quitando al tercer antiguo y ocurrió lo mismo que con los anteriores. Poco después reemplazaron al cuarto y al quinto.

Cuando llegaron a este punto los científicos llegaron a la fase 3, que consistía en quedarse con monos que nunca subían ni dejaban subir a la escalera aunque jamás habían sido retirados con un chorro de agua fría.

Y al reemplazar a más monos, las cosas marcharon iguales: nunca se dejaba subir a ningún mono a la escalera. Si acaso a alguno se le podría preguntar el por qué, es seguro que respondería: - No sé. Así hacen todos.

> **Moraleja:** *Pregúntate a ti mismo si cuando te comportas lo haces con algún sentido o si sólo te dejas llevar por los demás, por tus deseos y tus miedos. Expectora todo lo que digan los demás y toma tus propias decisiones.*

CINCO COSAS QUE DEBES TENER EN CUENTA

Tener alta autoestima no es sinónimo de éxito
Tener alta autoestima no quiere decir que automáticamente tendrás éxito ni que lograrás todo lo que desees; sin embargo, es un arma muy poderosa para cumplir tus sueños en tanto que hay confianza en tu persona y el reconocimiento de saberte capaz.

La autoestima se puede cambiar
Querer cambiar la autoestima ya es un gran paso, pero debes ser paciente pues no es un proceso fácil ya que requieres de un autoexamen para poder cambiar lo que no te satisface de tu persona.

No obstante, es posible y ello te otorgará gran bienestar. En caso de que lo hayas intentado pero ves que no obtienes resultados, puedes acudir a un especialista y él te guiará.

Tener alta autoestima no significa ser presumido
No debes confundir el valor y la confianza que sientes por ti mismo, por hablar todo el tiempo de ti, o por considerar a todos como inferiores, pues tener alta autoestima es valorarse a sí mismo y valorar a los demás.

Tener alta autoestima es:
- Amar y respetar tu forma de ser
- Descubrir tus propios talentos para desarrollarlos
- Tener confianza en tus ideas y en lo que haces
- Quererte por lo que eres y por lo que puedes llegar a ser.

Tener alta autoestima es tener actitud positiva
Tener alta autoestima incide en la actitud positiva para enfrentar la vida y ayudar a otras personas compartiendo el ánimo y el valor que uno siente por cada ser humano. Cada vez que puedas, ayuda a las personas que te rodean a sentirse valiosas y a generar confianza en sí mismas.

¿CÓMO POTENCIAR
TU AUTOESTIMA?

- Para lograr potenciar tu autoestima deberás ser coherente contigo mismo. Ello quiere decir que si deseas algo, tus acciones te llevarán hacia dichos objetivos. Por ejemplo, si deseas desempeñarte mejor en tu trabajo, te esmerarás siendo puntual, captando información, procurando aportar algo en ayuda de tu empresa, fábrica o proyecto.
- Si buscas valorarte y apreciarte, deberás tener objetivos en la vida, los cuales serán el motor de tu crecimiento personal. Entonces tendrás más que suficientes razones para sentirte satisfecho contigo mismo.
- Mírate tal y como eres, examínate interiormente y acepta tus errores para que aprendas de ellos en busca de una mejora general.
- No te escapes de la realidad. Acéptala tal como es y busca mejorarla. Estar conscientes de la realidad evitará las desilusiones y los problemas en las relaciones con los demás. Pero aceptar la realidad no quiere decir que tengas un pensamiento de mediocridad.

CONOCIÉNDOSE

Examínate interiormente: ¿cómo te sientes?, ¿cómo actúas?, ¿qué expresas ante los demás? Trata de salirte de tu propio yo para verte a ti mismo interactuando con los demás.

Recuerda: ¿cómo te comportas ante un halago o un cumplido?, ¿eres capaz de aceptarlo? Pregúntate después si sientes vergüenza o enojo cuando hablas de tus errores. Si sucediera una de estas dos cosas, entonces significa que algo está andando mal, pues una persona que se quiere aprende a reconocer tanto lo que hace bien como lo que hace mal.

Hay personas que creen que hablar de sus propios errores constantemente ayuda a su sencillez. Ten cuidado, una cosa es reconocer tus errores y otra cosa es propagarlos todo el tiempo. De ese modo, tú mismo estarás inspirando un sentimiento de menosprecio cuando tal vez en realidad no es así.

Es posible que seamos de una manera que no permita apreciarnos, pero debemos conocer todas nuestras debilidades para poder cambiarlas. La autoestima se puede cambiar. Que ahora seamos de algún modo no quiere decir que siempre lo seamos así, pues todo está en constante flujo. Las cosas pueden cambiar para volverse de peor a mejor o de mejor a peor y cada persona puede encontrar su grandeza con voluntad.

EL INICIO DEL CAMBIO

Aunque lo ignoremos, siempre estamos influyendo en nuestra manera de sentirnos. Siempre estamos enviándonos mensajes en todo lo que nos decimos y en todo lo que procesamos dependiendo de la importancia que le solemos dar.

Ocurre como si mantuviéramos un diálogo persuasivo con nosotros mismos. Todos los días nos decimos y repetimos constantemente ciertas frases que se van insertando en nuestro subconsciente hasta lograr convencernos. Cuan importante es, por ello, repetirse diariamente cosas positivas y constructivas aunque al principio no se sientan verdaderamente. Lo que ocurrirá después es una asimilación de dichos comentarios.

Por ejemplo, cuando una persona tiene que prepararse para sacar su licencia de conducir, pero ya se ve desaprobando el examen, siente que es inútil estudiar y lo hace con desgano, cumpliéndose al final lo que temía. En cambio, una persona que se tiene fuerte esperanza y confianza hace lo posible para aprobar el examen depositando su esfuerzo. Es así como se logran muchas cosas.

Hablarse con buen tono y en forma positiva es el inicio del cambio. Cuando una persona empieza por cambiar todo aquello que le disgustaba y empieza a ser mejor se siente satisfecha y tiene alegría de vivir.

LO QUE OBSTACULIZA LA AUTOESTIMA

La culpa
Cuando sentimos culpa, cuando sentimos que hemos hecho algo que no deberíamos y nos invaden sentimientos o pensamientos similares estamos bajando nuestra autoestima. Culparse no sirve de nada, los errores no deben causarnos daños sino una mejora en tanto que podemos aprender de ellos y en tanto que podemos corregirlos.

Una persona que se culpa constantemente se está destruyendo al torturarse a sí misma, pues se está instaurando un pensamiento de fracasado. Con el tiempo se consolidará en la mente ocasionando comportamientos y actitudes contrarias a la alta autoestima.

La perfección
Otro obstáculo para conseguir la alta autoestima se da en función del deseo de perfección, sin embargo, ello es una utopía porque la perfección no existe en el humano. Ello no quiere decir que se anule

la búsqueda del triunfo, ni que se rechace el máximo potencial que puede desarrollarse.

Buscar la perfección se caracteriza por:

- Desear ser un amigo, un padre, un esposo, o un profesional perfecto.
- Buscar la máxima tranquilidad aunque no marchen bien las cosas. Si acaso se alterara, habrá un sentimiento de fracaso.
- Decepcionarse de uno mismo cuando se comete errores pues cree que nunca debió cometerlos.
- Buscar que todas las personas de su entorno sean felices.

El desear ser perfecto es dañino en cuanto nos sentimos culpables por no haberlo logrado, pues es imposible que todos los deseos se cumplan, en especial si se busca la perfección.

Pero ten cuidado porque existe una gran diferencia entre buscar ser lo mejor y desear utopías.

Veamos:

Tener un modelo de perfección

- Permite la adaptación hacia lo que es mejor (excelencia).
- Permite reconocer nuestras fortalezas y debilidades.
- Hace posible el crecimiento personal.
- Concede un carácter realista en nuestra forma de ser.
- Permite tener calidad de vida.

Querer ser perfecto

- No permite reconocer las fortalezas y debilidades.
- Hace imposible el crecimiento personal porque ante un error existe un sentimiento de fracaso.

- Nos mantiene en un ambiente poco realista.
- Hacen a una persona rígida y severa consigo misma, impidiendo el disfrute.

En caso de que existan deseos de perfección desmesurados, se producirá un obstáculo en la autoestima, pues al no poder cumplirlos llegan los sentimientos de frustración que, por supuesto, son injustificados.

Ejercicio 1: «Promueve tu autoestima»
Piensa en todos los deseos que conllevan a desear ser perfecto, o en aquellos pensamientos que escapan de la realidad, y cámbialos por otros más pequeños y fáciles de realizar. Cuando los cumplas, felicítate y procura diseñar nuevos planes. De esa forma crecerás gradualmente.

Ejercicio 2: «Transmite autoestima»
Recuerda a las personas con las que entablas relaciones de amistad o compañerismo, luego recuerda cómo puedes ayudar a mejorar la autoestima de ellos, pero no interpretes este ejercicio como el realizar múltiples halagos porque más bien se trata de las acciones comunes que se dan cotidianamente. Por ejemplo, tal vez tú estás recordando sus errores a cada momento o estás haciendo comentarios que hablan de la poca confianza que les tienes en cuanto a su eficiencia.

AUTOACEPTACIÓN
Conocernos, aceptar cuando las cosas nos salen bien o cuando nos salen mal, aceptar nuestras preferencias, nuestros talentos y nuestras dificultades es parte del respeto que nos tenemos, y ello es la aceptación de uno mismo. Aceptarse como es independientemente de la aprobación o reprobación de los demás contribuye significativamente a la alta autoestima.

«EL PÁJARO QUE QUISO SER TOPO»

- Lectura -

Se encontraba una liebre comiendo a toda prisa, como sólo ella podía hacerlo, y, al detenerse ante un pequeño río, halló a un pato silvestre que dándose cuenta de su propia falta de talento para comer, le dijo: «Sabes comer muy bien, pero no sabes nadar». La liebre se sintió ofendida: «Claro que sé», dijo enojada.

Los animales se reunieron a observar sus pobres intentos por nadar, hasta que un gavilán la rescató. Sin embargo, las cosas no quedaron allí, pues todos empezaron a hablar de sus talentos e increpar al del costado lo que era incapaz de hacer bien.

El animal que se sintió más afectado fue el pájaro. Aunque los demás ya habían olvidado dicha reunión, el pájaro se había obsesionado con hacer absolutamente todo lo que podían hacer los demás.

De modo que primero quiso nadar, pero sus delgadas patitas apenas tocaron parte del río. Convenciéndose de que ya podía nadar, quiso intentar correr muy rápido; no lo hizo significativamente, pero se convenció de que corría mejor que la liebre. Por último, quiso cavar como sólo los topos lo hacían, pero por más esfuerzo que hacía, sus patas apenas escarbaban el piso. Lo intentó con su pico, pero fue en vano.

Al poco rato entró el caballo y encontró al pájaro con el pico abierto, las plumas alborotadas y rendido en el piso. El caballo lo auxilió y cuando el pájaro se repuso le dijo: «Tú eres único y tienes tus respectivos talentos. Eres quien eres, pero puedes llegar a ser el mejor en tu especie».

El pájaro hizo un gesto de incomprensión y el caballo repitió con voz serena: «Eres tú y no te compares con los demás».

A modo de moraleja: Aceptarte a ti mismo es observar los méritos y trazarte metas en base a tus propias aspiraciones y talentos. Si en ciertos aspectos no sueles sobresalir, es posible que en otros sí. Por ejemplo: la fealdad en apariencia, difícilmente puede llevarte a concursos de belleza ni a llamar la atención de otras personas para admirar lo que no tienes. Sin embargo, puedes desarrollar tu inteligencia, tal vez en las matemáticas, en la mecánica, en el arte, etc.

«Para convertirnos en lo mejor, primero debemos aceptarnos.»

POTENCIA TU AUTOESTIMA

CLAVES PARA POTENCIAR TU AUTOESTIMA

Hemos declarado que la autoestima puede cambiar, pues no es algo con lo que se nace, sino que se va formando en base a las experiencias de nuestras vidas.

Ahora, también hemos visto que el gran inicio se da conociéndonos y aceptándonos. El segundo gran paso, es pensar en nuestro estado. ¿Cómo nos sentimos? ¿Cuándo sentimos que no somos importantes o que todos son mejores que nosotros? ¿Por qué pensamos así? Debemos reconocer lo que ocasiona este tipo de pensamientos. Es probable que sea a causa de la influencia de otras personas o por los patrones culturales que impone la sociedad, de decirnos «esto es lo mejor» «tú eres grande si te pareces a tal persona». Muchas veces ocurre que nos dejamos influenciar por los medios de comunicación que en su mayoría intentan impares modelos de personajes «casi perfectos», pero que en realidad están diseñados para vender.

Ya has dado dos grandes pasos:

1. Te aceptas a ti mismo(a).
2. Te independizaste de la influencia de los demás.

Ahora puedes utilizar las claves:

- *Nunca te compares con otras personas:* Todos somos seres particulares, por lo tanto no es lógico que te compares con los demás. Por otro lado, ello no contribuye a tu autoestima, pues es probable que siempre consideremos a otros como más exitosos, más atractivos, más populares, etc.

- *No te dejes influenciar por las críticas destructivas:* Debes saber diferenciar las críticas constructivas de las destructivas. Las primeras son las que hacen posible una mejora, las segundas son las que sólo transmiten pensamientos negativos de nosotros mismos.

- *Aprende de tus errores:* Ten en cuenta que todos cometemos errores. Utilízalos para aprender de ellos.

- *Cambia un pensamiento negativo por otro positivo:* Cada vez que pienses en algo negativo sobre tu persona, cambia ese pensamiento por algo positivo. Por ejemplo, si piensas que no eres bueno para los deportes porque perdiste o porque te cansas muy rápido, piensa en tus talentos. Tal vez seas bueno cantando, o calculando.

- *Aprecia tu forma de ser y tu imagen:* Cada vez que te mires en el espejo sonríete y cada vez que pienses en ti mismo trátate cordialmente.

PENSAMIENTOS PARA CAMBIAR LA AUTOESTIMA

La autoestima puede cambiarse con el autoconvencimiento, de esa manera podrás cambiar los pensamientos negativos en positivos.

1° Cuando empieza un pensamiento negativo, atrae a otros más negativos hasta generarse una cadena que te puede hundir en el sentimiento de inferioridad. Cada vez que suceda esto, imponte una frase como «es un hermoso día», o «¡no más!», etc.

2° Escribe o piensa en tres pensamientos negativos que siempre te aborden. Ejemplo:

- Ellos lo hacen mejor que yo.
- Siempre fallo.
- No soy nada.

3° A continuación cámbialos por pensamientos que incluyan tu buen desempeño o tus talentos.

4° Reflexiona sobre lo que sentiste y compara lo que experimentas cuando tienes pensamientos negativos y positivos.

APRENDER ESTOS 20 PASOS PARA MEJORAR TU AUTOESTIMA

1. Siempre haz prevalecer tus ideas porque tú eres valioso.

2. No envidies. Preocúpate en ti y en lo que te gustaría llegar a ser.

3. Reconoce tus cualidades y virtudes evitando engañarte sobre tu persona.

4. Cuando tomes decisiones escucha lo que te dicen, pero aleja sus influencias de tu pensamiento y piensa sólo en ti.

5. Ten presente que todos los seres humanos somos valiosos, y así como las opiniones de los demás son importantes, también lo es la tuya.

6. No te hundas en los simples deseos, sé una persona activa gracias a tu actitud positiva.

7. Quiérete a ti mismo y siéntete bien con lo que eres.

8. Acepta la realidad y haz tu mejor esfuerzo por hacerla mejor.

9. Valora a los demás y valórate a ti mismo.

10. Cuando te hagan críticas destructivas que no aportan soluciones, sino sólo burlas o comentarios negativos, no te sientas ofendido. Sólo déjalos pasar haciendo caso omiso.

11. No estimes valores sobre quién vale más, quién vale menos porque todos somos seres humanos y nos debemos respeto.

12. Aparta de tu vida todo aquello que impida tu identidad. Quítate ese peso para que seas libre.

13. Evita sentirte culpable, pues ten en cuenta que tienes derecho de cometer errores. Nadie es perfecto.

14. Conoce tus errores y corrígelos.

15. Rodéate de personas positivas que te valoren.

16. Evita a las personas que te desprestigien y te transmitan su negatividad.

17. Separa un tiempo para dedicarlo a ti y utilízalo en reflexionar sobre tus pensamientos y sentimientos.

18. Procura darte un tiempo diaria y semanalmente para poder analizarte.

19. Ten presente lo valioso que eres para ti mismo y para los demás.

20. Aprende a ser feliz con lo que eres actualmente.

EL VERDADERO VALOR

VALORARSE INDEPENDIENTEMENTE

Quiere decir que valemos por lo que somos, no por lo que tenemos. Hay personas que fijan su autoestima en base a sus bienes o a su popularidad, cuando deberían fijarse en sí mismas.

El valor no depende de:

- La apariencia física
- La ropa que usa
- La popularidad
- Los bienes materiales
- Dinero, etc.

Sólo depende de ti.

Además es peligroso fijar la autoestima en estas manifestaciones exteriores, pues ocurre que al perderlas puedes caer en una depresión profunda, acompañada de un sentimiento de rechazo a tu persona.

Por ejemplo, un joven que concentre su autoestima en su apariencia física, puede verse seriamente afectado emocionalmente al ir madurando e ir envejeciendo.

¿QUIÉN ERES?
En las siguientes líneas en blanco escribe lo que eres tú, independientemente de lo que digan los demás. Asegúrate de escribir cuánto vales, cuánto te esfuerzas y tus sueños.

_____
_____
_____
_____
_____

Hay personas que desean ser felices, pero para ello sienten la necesidad de olvidar lo vivido, lo cual es imposible. Lo que tendrían que hacer es aceptarlo y buscar la forma de aprender de sus experiencias, para encaminarse a una vida plena.

Las personas que sienten dolor por las experiencias del pasado y que intentan borrarlo o no prestan atención a sus sentimientos de manera reflexiva, a menudo tienden a caer en el mismo laberinto, sumergiéndose en una especie de juego sin salida.

Por ejemplo:

- Si en tu niñez viste que tu padre faltaba el respeto a tu madre manteniendo una relación extramatrimonial, es probable que hagas lo mismo. Son dos caras de la moneda. O bien puede ser que aceptes el engaño de tu pareja o puede ser que tú seas quien la engañe.
- Si cuando niño(a) tu padre o tu madre te golpeaba, es posible que vuelvas a cometer los mismos actos violentos con tus hijos. Pero también es posible que dejes que tu pareja te agreda físicamente o emocionalmente.

Es muy importante que busques en tus acciones lo que en verdad deseas para ti, ya que las influencias de nuestra infancia siempre están generándonos mensajes que inconcientemente los seguimos. Casi siempre ocurre que repetimos en nuestro comportamiento las experiencias vividas con nuestros padres. Si aquellas experiencias fueron negativas, te causaron dolor o incomodidad, deshazte de ellas. Sé libre.

Si ya advertiste que parte de tu baja autoestima se debe a dichas experiencias, lucha por liberarte de esa influencia. ¿Cómo? Convéncete a ti mismo de tus cualidades e instaura en tu mente que todo puede marchar como tú deseas.

Es necesario que aprendas a visualizar la vida que deseas y el bienestar que sientes por tu persona. De ese modo estarás abriendo las puertas a un nuevo «yo».

EXAMÍNATE: ¿CÓMO TE VES A TI MISMO?

Piensa en tu propia imagen, ella no surgió de la noche a la mañana, sino que fue consecuencia de toda una vida de triunfos, fracasos, alegrías, tristezas; todo lo que interpretaste al recibir el aprecio o el rechazo de los demás, etc.

Sin embargo, no siempre se tiene una concepción de lo que realmente se es. Ahora reflexiona: todo lo que creíste que era en forma negativa y todas las críticas que recibiste nunca fueron ciertas. Nadie más que tú mismo puede saber quién eres realmente y qué eres capaz de hacer.

De nada sirve tener creencias negativas sobre tu persona, pues sin darte cuenta tenderás a ello; mejor busca el modo de imponerte una nueva imagen positiva.

Cuando creemos que somos algo que en realidad no somos, vamos convirtiéndonos poco a poco en ello, funciona para volver algo negativo en positivo y viceversa. Depende todo de ti.

LAS INFLUENCIAS EN NUESTRA IMAGEN

Puesto que somos seres sociables que se desenvuelven en una comunidad entablando relaciones, en nuestra vida diaria no podemos ser ajenos a las influencias. Los medios de comunicación a diario nos bombardean con falsas imágenes que dicen «sé como ellos» «vístete, habla y haz lo que ellos» y los compañeros del trabajo o de la escuela pretenden definirnos con sus propios conceptos, pero ¿y qué hay de lo que nosotros sentimos y pensamos? Nadie más que nosotros tiene derecho a diseñar nuestra imagen.

Ponte una capa imaginaria de inmunidad a las influencias que sólo hacen que te sientas mal. Escucha lo que te dicen, si tienes que hacerlo, y sin encerrarte en una burbuja; no dejes que nada afecte la imagen positiva que tú te has instaurado.

ACEPTANDO NUESTROS MÉRITOS

Una forma de expresar cuánto nos valoramos es aceptando los cumplidos que recibimos. Una persona con alta autoestima es capaz de decir «gracias» o de sonreír cuando nos dirigen palabras en alusión a nuestros méritos, éxitos o talentos. Pero ello no quiere decir que estemos buscando que nos halaguen repetidas veces para llenar nuestro ego. Hay una gran diferencia en aceptar un cumplido y buscar reconocimientos para ser el centro de atención. Una persona con alta autoestima es capaz de recibir y de dar cumplidos.

Los cumplidos que se otorguen tienen que sentirse realmente. Por otro lado, no rechaces un cumplido, ya que puedes ofender a la persona que lo da.

DANDO CUMPLIDOS

Puesto que una persona con alta autoestima es capaz de dar cumplidos, practica la forma de hacerlo. Para ello escribe en una hoja lo que resalta en una persona cercana a ti, detallando sus cualidades.

EL AMOR, LA AMISTAD
Y LA AUTOESTIMA

A menudo solemos valorarnos poco al no comprender la realidad que se nos muestra ante nosotros, pero que tal vez insistimos en no aceptarla; ello sin duda llega a lastimarnos. En consecuencia, nos sentimos heridos e incluso podemos sentir que no valemos lo suficiente.

Si una persona no corresponde nuestra estima y no le interesamos como es preciso que sea, es mejor alejarnos de ella o no prestarle tanto interés, pues con su comportamiento nos está demostrando lo que no nos dice con palabras.

Acaso pueda pensarse que no tiene mucho que perderse si otorgamos nuestra atención a personas que no lo hacen, pero sucede que nos adentramos en un laberinto psicológico que busca acciones que se instauren en nuestros pensamientos y nos hagan sentir dolor.

Es irónico que muchas personas declaren estar ante un conflicto cuando no saben cómo actuar con quien no corresponde su trato, pues parecen no entender lo que está ocurriendo: han sido rechazados. Sin embargo, es difícil aceptar semejante hecho, entonces surgen preguntas como:

- ¿Por qué no me presta atención como yo lo hago?
- ¿Por qué es capaz de cancelar rápidamente nuestras salidas?
- ¿Por qué parece no quererme como yo lo hago?
- ¿Por qué no se dirige a mí y tengo que ser yo quien le busque siempre?
- ¿Por qué no me llama ni pregunta cómo me encuentro?
- ¿Por qué a veces parece preferir la compañía de otras personas que la mía?
- ¿Por qué actúa como si yo no le importara?
- ¿Por qué sólo me muestra afecto cuando le hago favores?
- ¿Por qué invita a otras personas a salir y a mí no?

Seguir con este juego sólo nos provoca frustración y dolor. No queremos ver para no sentir herido nuestro ego, pero mientras más nos alejamos de la verdad, más lastimados nos sentimos. Una persona debe conservar su autoestima valorándose a sí misma, sin tratar de autoengañarse buscando respuestas que no ocurren en verdad.

Las cosas no salen siempre como las desearíamos, pero podemos cambiar la forma de sentirnos al tomar otros caminos que hagan prevalecer nuestro amor propio. Cuando tú te encuentres ante situaciones similares, di: «ya basta, yo merezco más que esto». Busca personas que te valoren realmente, de esa forma te procurarás una alta autoestima y te sentirás orgulloso de ti mismo.

> *Ejemplo 1:* Cuando vertimos el amor en una persona, y le expresamos con palabras claras y con hechos lo que sentimos, pero dicha persona no nos presta atención o apenas parece interesarse en lo que le decimos, es evidente que no nos corresponde, no obstante, preferimos hacer una

herida sobre otra al buscar oír de sus propias palabras que no nos quiere. Entonces empezamos a dramatizar nuestra vida siguiendo nuestros pasos con la dignidad perdida.

Ejemplo 2: Si han pasado días y semanas de intentar hablar a una persona, pero ésta no ha dado señal ni ha intentado comunicarse contigo, significa que no te valora lo suficiente como para tenerlo en tus pensamientos. Por lo tanto, es masoquista preguntarte si tiene sentimientos significativos hacia ti.

Por supuesto que puede causarte dolor aceptar la situación, pero es preferible ante todo conocer la verdad. Si aún ves esperanzas al caso, no fuerces las cosas, pues es probable que estés negando a la realidad. Y por favor, si te valoras de verdad, no desees aclarar lo que ya está claro. No busques engañarte.

DESPUÉS DE LAS ILUSIONES

Las ilusiones son un frasco que una vez rotos traen tristezas y hasta conflictos interiores. ¿Qué hay después de una ilusión? Puede haber dolor, pero también hay verdad. La mejor forma de escapar de esperanzas infundadas es persiguiendo la verdad.

La verdad permite ver las cosas como realmente son, de modo que podemos generarnos una actitud en base a nuestro estado. No obstante, muchas personas parecen tener las puertas abiertas al sufrimiento. Es extraño entender por qué aceptamos que la persona que amamos no nos quiere, pero optamos por continuar con la relación. Es de seguro parte de la baja autoestima interpretada como masoquismo, de otro modo no tiene explicación.

EL AMOR FORZADO

Aun cuando podríamos conseguir estar con la persona de la que nos hemos enamorado por la fuerza, es probable que no dure mucho, ya que no se puede fingir tanto tiempo, en especial si se trata de sentimientos.

Que se trate de buscar un acuerdo para evitar romper con la persona que amas y que ésta acepte por no dañarte a ti o por obligación es también engañarte, pues estás yendo en contra del acontecer natural de las cosas.

No permitas que ocurran eventos que sólo traerán una falsa pantalla por un instante para después mostrarte la verdad del asunto a costa de tu dolor. Una persona que actúa para satisfacer a los demás no es posible que te pueda soportar por mucho tiempo, de modo que las cosas salen a la luz con su apariencia verdadera.

Por el hecho de enamorarte no bajes tu autoestima, mejor busca una persona con la que compartir, que te ayude a crecer y a sentirte bien, y que será una relación enriquecedora basada en el afecto, la comprensión y el aprecio. Ello te ayudará a mejorar tu calidad de vida y a sentirte pleno(a). Tú tienes la capacidad de elegir lo que te conviene y lo que quieres en tu vida.

EL AMOR NATURAL
El amor es un sentimiento sublime que trae alegrías, satisfacciones e incluso crecimiento personal. El amor debe mantenerse de forma natural. No intentes imponer formas de comportamiento o de sentimientos de la noche a la mañana, pues esta imposición traerá como consecuencia la artificialidad de una relación. Lo mejor que puedes hacer ante las situaciones que puedan hacerte sentir incómodo(a), o disgustarte, es comprender la forma de ser de tu pareja, para llevar un ritmo lento de superación basado en la comunicación y el amor.

En caso de que no funcionara y, al contrario, en lugar de procurarte bienestar sólo te causa dolores y tristezas, es mejor separarte de tu pareja, pues en el mundo hay muchas personas por conocer.

Lo que hace buena a una pareja es la naturalidad del fluir el comportamiento y el bienestar que se pueden procurar actuando de dicha forma. Y la naturalidad en el comportamiento es la autenticidad de cada persona respecto a su propio comportamiento y al trato de la pareja.

¿NUESTRA PAREJA PUEDE CAMBIAR?

El cambio no es algo vedado en las parejas, pues es posible. Sin embargo, hay personas que hacen poquísimo esfuerzo en cambiar, o puede suceder también que estén tan arraigados a su propia naturaleza que les resulte sumamente difícil. Por tanto, hay quienes cambian de actitud, de comportamiento, etc., mientras que hay otros que no son capaces de hacerlo.

Que nuestra pareja pueda cambiar depende mucho del dominio de su propia naturaleza. Si es incapaz de dominarla, es muy posible que le sea difícil cambiar. Muy difícil.

CONSEJOS DE DIGNIDAD EN UNA RELACIÓN DE PAREJA O DE AMISTAD:

1. Aceptar a las demás personas con sus virtudes y defectos. Aceptar a las personas con todo lo que puedan ser es parte del crecimiento personal. No obstante, ello no quiere decir que se permitirá su influencia en nuestra vida, pues tenemos dos vertientes que escoger: o bien podemos aceptar a dichas personas y ser víctima de los grandes disgustos y hasta dolores que nos proporcionen; o bien las aceptamos pero preferimos tomar nuestro camino porque tenemos dignidad y nos queremos. Lo último es la más sabia opción, pero cómo te habrás dado cuenta, la aceptación de otras personas no quiere decir que necesariamente tendremos que estar siempre a su lado o tendremos que relacionarnos con ellas. Se trata de observar la realidad y aceptarla para no vivir

apartado en una burbuja. Por ejemplo: tú puedes aceptar que hayan asaltantes en tu ciudad, pero eso no significa que lo desees o lo prefieras así.

2. Leer los actos como mensajes. Los actos comunican un mensaje de las personas con la cuales nos relacionamos. A través de los actos podemos saber si nos aprecian, si están disgustadas con nosotros, si desean alejarse, si ya perdieron el interés por nuestra persona, etc., de modo que debemos prestar atención a todo cuanto acontece. No esperes que llegue el día en el que tú te encuentres más enamorado(a) y resulte que tu pareja quiera dar por terminada la relación. Es mejor conocer y sentir dolor que, vivir en una mentira creyéndote estable. Quiérete a ti mismo, toma en cuenta las acciones más que las palabras.

3. Ser realistas. En una relación sentimental no vale forzar nuestros pensamientos engañándonos, creyendo que una persona que ya no nos quiere y que nos rechaza puede cambiar. Debes aprender a respetar las decisiones de dicha persona, pero sobre todo debes aprender a tener dignidad. Cuando nos han rechazado, pero insistimos, estamos faltándonos el respeto. ¿Por qué rogar? ¿Por qué mendigar amor? Simplemente acéptalo y no te trates de engañar. No elijas sufrir, elije vivir con alegría. Busca una persona que te aprecie realmente.

4. Felicítate por tu libertad. Si descubriste que tu relación no era lo que parecía ser o era lo que ya presuponías y tendía para mal, ahora que te encuentras libre sin esa persona que significó mucho para ti, puedes hacer dos cosas: o puedes sentir dolor profundo y sentirte deprimido o puedes sentir que te has liberado de un engaño, puedes agradecer que ya terminaste con esa persona que en realidad no te convenía

porque no te quería lo suficiente. En ti está elegir si vas a ser feliz o si vas a sentirte melancólico.

5. Libre, para mejor. Estás solo(a), pero no te desanimes ni tampoco estés empecinado en buscar pareja como una máquina. Debes guardar calma, pues alguien te espera, es la persona apropiada que siempre, muy en el fondo deseaste Su nombre aún no lo sabes, su aspecto tampoco, pero te espera y es tu mitad, pero aún el universo no puede volcar las circunstancias de su encuentro. Siéntete feliz y debes saber que si perdiste a alguien que en realidad no te quería lo suficiente, es porque algo mejor te espera. Paradójicamente, cuando algo nos sale mal creemos que no podremos salir de ese daño, pero lo que ignoramos es que a partir de ese conflicto se genera una nueva oportunidad, que por supuesto es superior y mejor que la anterior.

EL PELIGRO DE LA TENTACIÓN

Por supuesto que cuando se han pasado momentos de alegría, casi mágicos con la persona que creímos sería para toda la vida, se siente un gran vacío; sin embargo, ya sabemos que es lo mejor que nos ha podido suceder puesto que no nos convenía.

La forma de terminar no es discutiendo como dos orangutanes enojados, lo mejor es terminar como dos personas civilizadas, y no buscar frecuentar o ver a dicha persona a propósito, ni para sacarle en cara que estamos bien sin ella, ni para hacerle ver nuestro sufrimiento. Lo que debes hacer es tratar de sentirte mejor a solas, libre. Puedes salir con tus amistades, puedes invertir tiempo en lo que postergaste, puedes matricularte en un taller, puedes poner a cabo un proyecto, etc. Y cuando estés a solas y te lleguen los pensamientos de dicha persona, sólo transmítele los mejores deseos a través de tu mente. No la llames por teléfono, no propicies encuentros que parezcan fortuitos, no caigas en la tentación de buscarle, de pedirle un tiempo para analizar todo lo que sucedió, para hacerle nuevas preguntas. Simplemente saca de tu vida lo que ya no debe estar.

UNA NUEVA VIDA

Alégrate de que cada quien deba tomar su propio camino, no permitas que tus pensamientos te jueguen una mala pasada trayendo recuerdos de tus vivencias con dicha persona. Cada vez que suceda eso, di que es suficiente, que no tienes porque soportar estos jueguitos que te haces a ti mismo.

Siéntete tranquilo(a) y feliz, la vida continúa, y se muestra más bella ante tus ojos. Te has purificado de esa relación que amenazaba con traer más desdichas de las ya pasadas en un primer momento. Ahora se te presentan nuevos caminos que recorrer y debes estar preparado, con la mirada hacia el horizonte y la sonrisa en el interior.

¡Esa es la maravilla de ser libre y de existir con sentido!

EL COMPORTAMIENTO DE UNA PERSONA CON ALTA AUTOESTIMA

CONFIANZA EN TI MISMO

Tener confianza en ti mismo es parte de la autoestima. Pero ello no quiere decir que sólo te repitas o expreses palabras que hacen ver cuanta confianza sientes por tu persona, pues de lo que se trata es de tener un comportamiento que lo refleje.

¿Qué significa tener confianza en ti mismo?

Tener confianza en ti mismo es la afirmación que te haces en relación a tu persona, sobre lo que deseas y lo que no. También significa tener la capacidad de comunicación para expresar tus acuerdos y desacuerdos.

Es preciso que sepas diferenciar la confianza que te tienes con la imposición que puedes establecer, por el hecho de querer que las cosas se hagan a tu modo. La confianza en ti mismo tiene que ver con la expresión clara de tus sentimientos y deseos, así como de la aceptación de tus gustos, derechos y deberes.

La confianza, base del comportamiento:

1. Comportamiento físico:

- Debes manejar tu cuerpo en base a lo que expresas con tu lenguaje o cuando lo requieras.
- La postura debe ser derecha pero relajada.
- Cuando hables con una persona, mírala directamente a los ojos sin resultar exagerado(a).
- Cuando tengas que expresar algo procura manejar tu cuerpo en función de lo que estás hablando, es decir, haz los gestos pertinentes con el rostro y maneja lo que debe expresar tu cuerpo. Eso sí, evita señalar, ya que se puede interpretar como calumnias o habladurías.
- Procura que en los músculos de tu cuerpo no exista una determinada tensión, sino que todo se dé de forma natural.
- Procura que cuando hables tu tono de voz sea firme y claro.

2. Comportamiento lingüístico:

- Practica tu timbre de voz hasta que te salga claro, en una velocidad apropiada. El ritmo debe transmitir serenidad, pero a la vez firmeza.
- Procura articular bien las palabras sin exagerar el movimiento de los labios.
- Busca un tono de voz persuasivo, directo y tranquilo.

¿Cómo se comporta una persona que tiene confianza en sí misma?

- Una persona que siente confianza en sí misma es capaz de expresar sus sentimientos.

- Cuando se expresa lo hace con tacto, evitando los polos opuestos que son reprimir lo que siente o piensa, o expresar crudamente sus pensamientos, al punto de resultar hiriente.
- Sabe que tiene derechos y por ello los hace respetar, pero también es capaz de respetar a las demás personas.
- Sus acciones no son producto de la impulsividad, sino que son más centradas en cuanto que son pensadas.
- Siente la libertad de poder transmitir sus pensamientos y sentimientos. Puede decir «yo no acepto eso», «lo que yo pienso es…», «Yo quiero…», «No me siento cómodo(a) haciendo esto».
- Cuando habla con otras personas lo hace de forma directa, pero amable y tiene facilidad de expresión. Puede dirigirse a sus familiares, a sus amistades, a personas distantes, pero siempre mantiene la seguridad.
- Busca lograr sus metas, pero cuidando de superarse sin hacer daño a otras personas.
- Cuando habla o cuando debe hacer algo es capaz de reconocer sus errores y sus debilidades, por ello comprende que lo mejor es ganar, pero no siempre se puede.

LA DESCONFIANZA EN SÍ MISMO

Las personas que tienen desconfianza en su propia persona no pueden hacer respetar sus derechos dando pase a que le falten el respeto y atenten contra su dignidad. A menudo su voz es vacilante, muy despacio o titubeante, expresando gran timidez. Les falta esa seguridad y pronunciamiento a la hora de hablar que dificulta la claridad de su mensaje.

¿Cómo se manifiesta la desconfianza en el comportamiento?

1. Comportamiento físico:

- Su cuerpo parece querer distanciarse de los demás a la hora de ejercer movimientos ya sea cuando camina o cuando se encuentra en algún lugar con público.

- Hay tensión muscular, pues no da pase a la libertad del organismo.
- Cuando habla con otras personas no dirige la mirada de frente, sino suele bajar un poco la mirada.
- No deja sus manos tranquilas, pues siempre están moviéndose a causa de su nerviosismo.
- Cuando realiza movimientos los hace de manera forzada, como si le costara trabajo hacerlo, e intenta en la mayoría de veces quedarse en una sola posición.
- La cabeza no siempre se encuentra derecha, sino tiene una posición cabizbaja.
- No mantiene una postura erecta, sino suele hundirse cuando se sienta o camina.

2. Comportamiento lingüístico:

- Cuando habla su tono de voz es bajo y nunca se expresa con completa claridad.
- Cuando desea expresar algo no se puede captar bien su mensaje porque no dice las cosas directamente, sino que las esconde en otras palabras.
- Las palabras que usa no definen con claridad lo que sería un «sí» o un «no», pues las palabras que usan son «tal vez», «podría ser posible», «si no puedes, no importa», «está bien», etc.

¿Cómo se comporta una persona que desconfía de sí misma?

- Desea muchas cosas, pero no hace nada para cumplirlas porque el miedo y la vergüenza injustificada le impiden muchas cosas.
- No se hace respetar y deja que hagan caso omiso de sus derechos.

- No toma decisiones por su propia cuenta, pues siempre se deja influir enormemente por su entorno, o deja que otros decidan.
- Cuando ocurren situaciones un poco fuera de lo común, siente que no tiene control de lo que pasa.
- No se valora ni se aprecia a sí misma.

CONDUCTA AGRESIVA

Las personas que expresan conducta agresiva a menudo actúan así porque sienten que la situación se escapa de su control, entonces pretenden imponerse a como dé lugar, de manera que en su desesperación pueden agredir verbalmente o físicamente a los demás.

Cuando hablamos de conducta agresiva, nos referimos a las humillaciones, a la violencia física y psicológica en todas sus expresiones que transmiten daños. ¿Sabes tú si tienes comportamiento agresivo? Para ello pregúntate si has faltado al cumplimiento de los derechos que nos debemos como personas, o has ido mucho más lejos aún (camino a la destructividad).

¿Cómo se comporta una persona agresiva?

1. Comportamiento lingüístico:

- Generalmente habla con tono de voz dominante y dicen frases como «hazlo así», «tienes que…», «No hables así», etc.
- Suele dar órdenes en lugar de hacer peticiones.
- No deja que se mantenga una conversación fluida, pues siempre interrumpe y quiere ser el único que hable.
- Habla rápidamente y mantiene un tono de voz alto.

2. Comportamiento físico:

- No tiene respeto por el espacio de la persona con quien habla.
- Su mirada es fija, llena de adrenalina.
- Su postura se caracteriza por exaltar el pecho con los hombros hacia atrás.
- Los ademanes que realiza tienen carácter desafiante.
- La cabeza es puesta hacia atrás a diferencia de su cuerpo.

¿Cómo se comporta una persona que desconfía de sí misma?

- Rechaza las ideas de las demás personas.
- No respeta los derechos de las demás personas.
- Sólo piensa en sus propios sentimientos y desea que únicamente sus opiniones sean consideradas.
- Cuando se presentan ciertas situaciones suele sentir que no tiene el control suficiente.
- Se considera menos o inferior al compararse con los demás.
- Cuando desea hacer posible sus metas, lo intenta, pero lo hace atropelladamente dañando a los demás.
- No sabe valorar las oportunidades que se le presentan, por eso siempre está forzando las cosas.

TÁCTICAS PARA LOGRAR LA CONFIANZA EN TI MISMO

No es fácil cambiar la inseguridad que se ha sentido en mucho tiempo para reinventarse en una persona con confianza en sí misma. Presta atención a las siguientes tácticas y practícalas para lograr valorarte como debiera de ser.

1. **Expresando los sentimientos negativos**

    Todos tenemos sentimientos negativos, pero necesitamos canalizarlos de una forma que no nos cause perjuicio, pues al contrario podemos aprender de ellos o podemos optar por realizar cambios. Este ejercicio se trata de analizar lo que estamos sintiendo, para poder darnos cuenta si se debe a que hemos dejado que atropellen nuestros derechos o estamos violando los de otras personas. Para lograrlo realiza lo siguiente:

    - Escribe o piensa con sumos detalles el comportamiento negativo.
    - Expresa qué es lo que sientes, cómo te sientes.
    - A continuación concéntrate en lo que desearías hacer para cambiar tal situación. Para ello utiliza frases como:

«deseo que tú…». « Cuando ocurre esto, yo me siento así, por eso te pido que…»

- Al final de este ejercicio expresa lo que puedes conseguir con el cambio que has postulado, pero también menciona qué podría ocurrir si no se da dicho cambio.

2. **Las nubes densas**

Se llama así este ejercicio porque se basa en las críticas recibidas, pero a través de un filtro que actúa como si hubiera nubes densas que sólo permiten atravesar lo que contribuye a una mejora de tu persona. De modo que es posible oír las cosas negativas que dicen otros sobre tu persona, pero no te sientes demasiado afectado(a).

3. **Comprensión**

Este ejercicio busca la confianza en uno mismo al hacer que respeten nuestros derechos. Para hacer posible ello, utilizamos una técnica que trata de tomar en cuenta al interlocutor sin imponernos automáticamente.

De modo que primero se realiza algún esfuerzo por comprender al interlocutor conociendo sobre su manera de pensar e imaginando su forma de sentir; así hacemos posible que haya un lazo de simpatía que permita el respeto hacia su persona y el trato cordial, en lugar de demostrar violencia para ser respetados.

4. **Repetición**

Los ejercicios de repetición son muy importantes porque proporcionan un arma eficaz que graba en el subconsciente lo que deseamos ser. Pregúntate en qué deseas mejorar respecto a tu autoestima, convéncete de que ya ocurre de ese modo. Para hacer ello repítete frases del estado que quieres alcanzar una y otra vez.

Gracias a ésta técnica, tu confianza se acrecentará aunque tu interlocutor u otras personas traten de cambiarte de parecer.

Por ejemplo, repítete: «mi opinión es importante porque yo valgo mucho», entonces cuando estés rodeado de críticas negativas o cuando quieran hacerte cometer algo que te disgusta, esa frase saldrá a relucir, en consecuencia actuarás con más poder y confianza en ti mismo.

5. **Argumentando**

Consiste en argumentar la coherencia entre lo que se dijo que se haría y se está realizando actualmente. Se detalla sin ninguna alteración el comportamiento inconsecuente de la persona (en caso de que lo hubiera) y se manifiesta lo que esperamos de ella.

6. **Seguridad aun en los errores**

Este ejercicio es muy importante porque evita que nos sintamos culpables en caso de que cometamos algún error, pues la aceptación de que no somos perfectos es clave para lograr nuestra autoestima.

La próxima vez que cometas un error evita los sentimientos de rechazo contra tu persona, y acepta que como toda persona también puedes fallar. Sonríe, silba (a solas) y repítete frases serenas que contribuyan a hacerte sentir mejor.

7. **Seguridad positiva**

Cuando recibimos elogios, halagos en base a nuestros méritos y reconocimiento dejamos que el ego nos impida ver la realidad, entonces podemos alejarnos de nuestros objetivos; sin embargo, tener confianza en nosotros mismos es aceptar estas muestras de reconocimiento con serenidad.

8. **Actuando sereno**

La confianza en nosotros mismos también se transmite cuando demostramos serenidad en nuestro hablar y nuestra forma de actuar. Realiza los siguientes ejercicios para evitar un desborde emocional:

- Aprobación de tus actos.
- Inhalar de forma profunda continuamente antes de dar una respuesta.
- El interrogar, volver a mencionar los mismos temas y reflejos, pero de tal manera que logres que la persona con la que hablas se muestre más en confianza.

9. **El acuerdo**

Cuando hables con una persona imagina un acuerdo de por medio, en donde han quedado establecidas las siguientes pautas:

- Tú tienes derecho a……….…..….…
- Yo tengo derecho a…………....…..…
- Por lo tanto, nuestro comportamiento debe ser…...............… En caso de que no sea así, yo o tú podemos…………………….

10 PASOS PARA LOGRAR CONFIANZA Y SEGURIDAD

Sin importar en qué situación te encuentres, estos consejos te serán muy útiles para tener más confianza en ti:

1. Ten en cuenta que las cosas siempre están cambiando, por lo tanto siempre se presentarán conflictos, riesgos para lograr el éxito en lo que deseas, un arma importante y eficiente para hacerles frente es la capacidad de comunicación. Practica la forma de pronunciación de cada palabra, y ante un espejo practica la forma de dirigirte a una persona.
2. Procura que las acciones que realices te hagan más respetable, de ese modo tu autoestima será alta.
3. La confianza y la seguridad en lo que hacemos es un proceso que requiere trabajo constante, pues no es estático.
4. Nunca exageres tus cualidades, éstas deben estar acorde con las circunstancias y la gente que te rodea.
5. Cuando se presenten situaciones en las que tengas que actuar, por muy insignificantes que parezcan fortalece tu confianza haciendo respetar tus derechos. Por ejemplo, si te encuentras en un supermercado y el trabajador se comporta de forma irreverente, formula una queja en administración

o si te interrumpe un grupo de bulliciosos cuando estás en un lugar que exige concentración y silencio, llámales la atención.

6. No guardes algo que quieras expresarlo, sea este un sentimiento de amabilidad o enojo.

7. Tener confianza en ti mismo es dar a conocer que tus ideas son importantes, pero ello no quiere decir que impondrás tu manera de pensar.

8. Tener confianza en ti mismo tampoco significa que te comportes de forma agresiva para ser oído. Aun cuando te sientas seguro, es posible que no siempre seas oído. No te impacientes, ello no ocurrirá así en todos los lugares adonde vayas. Debes saber diferenciar la confianza de la agresión. La primera se trata de un asunto con tu propia persona, y la segunda se trata de un asunto que quebranta el respeto a los demás.

9. Procura que los objetivos que te traces se cumplan. Para que sea más viable, reflexiona sobre lo que sentirás después de haberlo logrado. Las metas, los objetivos y los sueños enriquecen nuestras vidas y ayudan a que nos sintamos satisfechos. Por el contrario, una vida sin metas se siente vacía y acaso sin sentido.

10. Piensa en tu comportamiento. Imagínate o recuérdate interactuando con otras personas y haz una lista de lo que quisieras conseguir cultivando la confianza en ti mismo. Procura que entre ello se encuentre la forma de hacer un bien al mundo.

TODOS TENEMOS DERECHOS

TODOS TENEMOS DERECHOS Y ENTRE ELLOS LOS MÁS IMPORTANTES SON:

1. Derecho a saber por qué debemos actuar de determinada manera.
2. Derecho a tomar un descanso solo o acompañado.
3. Derecho a ser feliz y a al disfrute.
4. Derecho a recibir halagos y cumplidos.
5. Derecho a expresar sentimientos y pensamientos.
6. Derecho a hablar de nosotros sin sentir incomodidad.
7. Derecho a que nuestros asuntos sean considerados como importante al igual que los demás.
8. Derecho a expresar que no entendemos algo.
9. Derecho a decir que ignoramos algún tema.
10. Derecho a actuar por nuestras propias decisiones sin dejarnos influenciar por otros.
11. Derecho a errar.
12. Derecho a modificar nuestro parecer.
13. Derecho a negarnos a hacer algo que no deseamos sin sentir culpa ni sentirnos individualistas.

14. Derecho al respeto y a la dignidad.
15. Derecho de pedir algún favor o hacer alguna petición seria sin sentirnos egoístas.
16. Derecho a expresar los deseos pero sin tratar de imponer, sino respetando la negación de otras personas.
17. Derecho a expresarnos y de ser tomados en cuenta.
18. Derecho a ser importante para nosotros mismos y para los demás.
19. Derecho a saber que valemos mucho.
20. Derecho a desarrollar nuestras potencialidades de la forma que queramos.

Ahora que has leído los derechos en base a la autoestima, identifica los que encierran un grado de importancia elevado para ti mismo y recuerda una experiencia relacionada al tema.

Procura leer la lista de derechos con algún compañero(a) y después intercambia los puntos que te parecieron más importantes.

Escoge 3 derechos, escríbelos en una hoja de papel y guárdalos en el lugar que más frecuentes de más asiduidad. De esta manera podrás tenerlo presente siempre.

LOS PROBLEMAS
Y LA AUTOESTIMA

Todas las personas atraviesan problemas, lo difícil se halla en mantener una buena autoestima, ya que al sentir que las cosas no funcionan bien, al no obtener los resultados que esperábamos, nos sentimos sin salida. Pero lo más grave es que los sentimientos negativos sobre el amor propio se ven golpeados, de tal manera que sentirse fracasado, inútil, incapaz y toda una gama de pensamientos negativos es propio de la mayoría de personas ante dichas situaciones.

Sentir pena, dolor o tristeza es parte de la vida del ser humano, pues nadie tiene una vida perfecta (aunque a veces lo parezca). En consecuencia, es general el derecho de sentirse de tal modo. Sin embargo, ello no debería ser razón para que se absorban pensamientos de inferioridad. De ningún modo será la causa para que el efecto sea dejar de valorarse.

Debemos luchar por salir de ese juego de pensamientos negativos que atrae muchos más parecidos como un sistema de ramificaciones. ¿Por qué prestarle atención a los defectos antes que a las virtudes? Al hacerlo estamos poniendo un obstáculo para desarrollar todo el potencial que hay en nosotros. Los sentimientos negativos sobre nuestra persona sólo traen desilusión, desesperanza, resentimiento... Sólo nos hacen daño.

Qué diferente es aceptar que hemos errado, que hemos fracasado en algo, pero que podemos llegar a hacer algo mejor. La clave está en confiar en lo que somos capaces, de todo lo que podemos llegar a hacer y ser.

¿ES POSIBLE POTENCIAR LA AUTOESTIMA?
Hemos dicho a lo largo del libro que la autoestima que tenemos en el tiempo presente se debe a las experiencias que hemos atravesado, además del entorno familiar en el que hemos vertido años de formación. Así pues ya tenemos una autoestima formada, sin embargo, es posible cambiarla.

AVERIGUA CUÁNTO TE VALORAS

Se trata de descubrir cómo es que nos vemos. En este autoanálisis responderás sinceramente, sólo de ese modo podrás ayudarte a ti mismo.

En la lista que se te presenta, pon un visto bueno si alguna descripción te es propia; también puedes agregar otras opciones.

YO SOY...

- Complejo
- Aburrido
- Divertido
- Claro(a) cuando hablo
- Alegre
- Sociable
- Afable
- Terco
- Detallista
- Optimista
- Naturalista
- Con gran capacidad de creación
- Perfeccionista
- Valeroso
- Agradable
- Sencillo
- Soberbio
- Atractivo(a)
- Emotivo
- Inteligente
- Perseverante

- Gracioso
- Aplicado
- Cortés
- Gruñón
- Colérico
- Apasionado
- Sereno
- Sensible
- Confiable
- No confiable
- Severo
- Débil
- Callado
- Precavido

- Independiente
- Pesimista
- Eficiente
- Humilde
- Activo
- Fuerte
- Caprichoso
- Desagradable
- Risueño
- Violento
- _____
- _____
- _____
- _____

Después de haber identificado los aspectos de tu persona, no sientas incomodidad por los defectos, pues gracias a este examen puedes trabajar en cambiar.

Felicítate por «tus aspectos positivos» y desarróllalos en lo posible. La buena autoestima consiste en la aceptación de los defectos y de las virtudes, sin embargo, para un crecimiento se deberá buscar mejorar esto.

> **Recuerda:** *Que no siempre las cosas son como las deseas, pero es posible darle un giro distinto.*

DINÁMICAS Y EJERCICIOS PARA POTENCIAR TU AUTOESTIMA

EJERCICIOS PARA ELEVAR TU AUTOESTIMA

A continuación te presentamos una serie de ejercicios que te permitirán elevar tu autoestima. Analízalos con paciencia y siendo sincero contigo mismo.

1. CONOCIÉNDONOS

A) Quisiera ser…

Haz una lista o escribe un párrafo que describa lo que te gustaría ser en base a lo que tienes y a lo que quieres mejorar. Por ejemplo, la lista puede ir así:

- Quiero ser capaz de desenvolverme y expresarme con las personas que me rodean.
- Desearía sentirme bien conmigo mismo.
- Quiero ser eficiente en el trabajo.
- Quiero conservar un peso ideal.
- Quiero tener la facultad de hablar en público.

B) Quisiera hacer esto…

Escribe diez cosas que deseas hacer. Debes poner tanto aspiraciones laborales, proyectos como actividades de recreación. Lo ideal es hacer una lista equilibrada entre las actividades de recreación y considerar aspectos sencillos que te provoquen hacer, aunque pienses que el tiempo no te alcanza. Por ejemplo:

1. Comprar ropa.
2. Asistir al cine.
3. Hacer una reunión con los amigos que tengo o familiares.
4. Asistir a eventos de exposición artística.
5. Inscribirte en un taller de corta duración sobre un tema que te agrade.
6. Probar una excelente comida en un restaurante.
7. Salir de paseo a un club, el campo o el zoológico.
8. Presentarte en un taller de actuación.
9. Hacer algo creativo.
10. Ir a la playa.

C) Quiero aprender…

Aprender es una forma de enriquecerse, por lo tanto ayuda a fortalecer la autoestima. Escribe diez cosas que quisieras aprender. Por ejemplo:

1. Quiero aprender karate (o un deporte).
2. Quiero aprender cocina y repostería.
3. Quiero aprender sobre mantenimiento de computadoras.
4. Quiero aprender inglés.
5. Quiero aprender a ser sociable.
6. Quiero aprender a dirigir blogs.
7. Quiero aprender a expresarme en público.
8. Quiero aprender a divertirme.
9. Quiero aprender a controlar mi susceptibilidad.
10. Quiero aprender sobre ejercicios espirituales o místicos.

D) Pasando el límite de los deseos a la realidad

Al realizar las listas anteriores hemos aprendido más de nosotros mismos. Sabemos lo que queremos y a qué aspiramos, además de lo que nos hace sentir bien. Lo que nos toca ahora es hacer realidad todo ello, pero sin forzar intempestivamente las situaciones, sino de manera gradual.

El querer algo es tener una idea en la cabeza y es nada si no se pone en acción, por lo tanto no pierdas atención a las siguientes actividades.

1. Ten tus tres listas a la mano. En la lista de lo que deseabas ser, escoge una opción y empieza a desarrollarla.

    Ejemplo: Quiero conservar un peso ideal (entonces diseña tu dieta y calcula la ingesta de calorías, además de planificar una rutina de ejercicios físicos).

2. En la lista de autoconocimiento «yo soy», elije una virtud y empieza a desarrollarla en lo posible. Si se trata de un defecto, hazte un plan para corregirlo.

    Ejemplo: «Yo soy violento» (entonces, deberás trabajar con ejercicios de relajación y tratar de reflexionar antes de actuar o puedes dedicarte a concentrar todas tus energías en hacer algún deporte).

3. De la lista « quiero hacer esto», elije una opción que sea más viable de ponerla en práctica.

    Ejemplo: Puedes elegir estudiar un curso en un taller, pero debes tener en cuenta aspectos como los lugares donde se enseñan, si está cerca de tu hogar, de tu trabajo, si tiene precios accesibles, o incluso si puedes aprender por tu propia cuenta.

CONOCE
TUS VIRTUDES

En los ejercicios anteriores se detallaron todos los aspectos que forman parte de tu ser, ahora es momento de dar más importancia a tus cualidades, virtudes o talentos. Ahora haz una lista que incluya sólo tus cualidades, pero ordénalas según su especie del siguiente modo: Por ejemplo, si tienes mucha resistencia, ponla en «cualidades físicas»; si tienes capacidad de hacer artesanías, tejidos, etc., ponla en «creatividad» o «habilidades». También puedes agregar más categorías para escribir todas tus cualidades.

- Eficiencia en el trabajo o en los estudios
- Valor en los ideales
- Personalidad
- Cultura de acuerdo al lugar de procedencia
- Cualidades físicas para un deporte o alguna otra actividad
- Sociabilidad
- Habilidad en tareas diarias
- Actitudes
- Aspecto creativo
- Agregar otros aspectos: ...

CUALIDADES VERSUS DEFECTOS

Es muy posible que hayas tenido problemas para hacer estos últimos ejercicios, pues increíblemente a veces nos es costoso reconocer cuánto valemos. Hay una densa neblina que imposibilita ver las cualidades, dando más importancia a los defectos y errores.

Ello sucede porque nos exigimos demasiado o porque creemos que las personas que admiramos o que desearíamos ser están exentas de defectos, pero no hay nada más erróneo que este pensamiento: en primer lugar, porque a la humanidad no le está adjudicada la perfección; en segundo lugar, porque los personajes más eminentes de la historia fallaron mucho y estuvieron provistos de problemas físicos, económicos e intelectuales para lograr grandes inventos, sistemas de pensamiento y logros de naturaleza científica; en tercer lugar, porque los repetitivos intentos de lograr algo se traducen en errores.

Por lo tanto, no debemos atormentarnos con cualquier defecto que tengamos, debemos concentrar nuestros pensamientos y nuestras fuerzas en las cualidades que tengamos, de esa manera resaltaremos ante nosotros mismos y ante los demás. Trabaja en tus cualidades, no en tus defectos; sin embargo, ello no quiere decir que no te aceptes tal como eres, tanto en lo positivo como en lo negativo.

Busca influenciar las cualidades en los defectos y así lograrás grandes cosas. Por ejemplo, si manejas conocimientos de mecánica y eres bueno en ello, pero sientes que tu apariencia física no te satisface, acéptate como eres, de ninguna manera te acomplejes e instaura en tu pensamiento lo bueno que eres para dicha área. Trabaja en sobresalir en tu campo y tu orgullo en esto, así influenciarás a los demás campos logrando elevar tu autoestima.

Recuerda que en el universo jamás existió ni existirá un ser como tú, puesto que cada persona es irrepetible y única, razón suficiente para que te aprecies.

COMUNICÁNDONOS CON NOSOTROS MISMOS

Realizaremos un ejercicio para comunicarnos con lo más profundo de nosotros. Ahora utilizaremos palabras persuasivas que llegarán a instalarse en nuestro cerebro para nunca más irse. De ese modo aprenderemos a valorarnos.

1. Busca un lugar donde te sientas cómodo y relájate. (Puedes estar recostado o sentado).

2. Cierra los ojos, siente como el aire va ingresando por tu nariz para después ser expulsado tranquilamente por tu boca, no sin haber estado por un tiempo retenido en tus pulmones. Repite esto hasta que tu concentración se halle muy sumergida en ello. También puedes grabar tu voz dándote estas instrucciones y procurando una voz tranquila.

3. Lo más importante es grabar las siguientes frases de la lista (las que consideres más importantes y las que puedas agregar) dejando espacios de silencios para que puedas repetirlo mentalmente.

Frases con poder:

- Merezco disfrutar de la vida.
- Tiendo al éxito y no dudo en que seré exitoso(a).
- Tengo eso que hace posible triunfar.
- No me apresuro en las diferentes etapas en que me toca vivir. Disfruto de lo que me ocurre.
- Tengo dignidad y no permito que la dañen.
- Siento que valgo muchísimo.
- Los conflictos del pasado quedaron atrás, ahora me he liberado.
- Me amo y por eso puedo amar a los demás.
- Tengo paciencia y puedo controlar lo que quiero.
- Estoy siendo lo que siempre deseé.
- Mi comportamiento es natural.
- Una persona como yo merece cosas grandes y maravillosas.
- Cuando estoy en frente de otras personas demuestro que me aprecio.
- Puedo expresar lo que siento y ello me satisface. Me siento seguro.
- Las culpas no existen en mí.
- Cuando debo hablar a otras personas, puedo entablar una conversación fácilmente y con alegría.
- Como persona que soy disfruto de mi sexualidad.
- Actúo en función de mis ideas porque me agrada ser yo mismo.
- Tengo libertad para expresarme como quiera y cuando quiera.
- Puedo perdonar a los demás, sin rencores que oscurezcan mi grandeza.
- Tengo valor y fuerza interior.
- Aunque fracase, puedo renacer de las cenizas. Tengo poder.
- En mi interior hay alegría y lo reflejo en mi rostro y en mis actitudes.

- Tengo armonía en mi interior.
- No me sacrifico por otras personas, pues la felicidad se puede conseguir de otra manera.
- Puedo generar paz, sentir paz y otorgarla.
- Pienso en el presente, en el «ahora» y no en el «ayer». Y si pienso en el futuro lo hago con optimismo.
- Mis pensamientos son nítidos.
- Cuando alguien me hace algún favor no me siento culpable o en deuda, simplemente me siento bien y seguro.
- Me siento libre. Puedo hacer diversas cosas, lo que desee.
- En mi vida han ocurrido muchas cosas, pero ahora me siento en paz, he superado todo.
- Siento paz conmigo mismo.
- He cometido errores pero los acepto y me perdono.
- Tengo confianza en lo que hago.
- Mis pensamientos no son influenciados por personas negativas, sino que fluyen libremente.
- La felicidad viene hacia mí, ahora soy feliz.
- Tengo tanta potencialidad en mí que puedo conseguir todo lo que quiero.
- Prefiero relacionarme con personas divertidas, que me comprendan y me estimen.
- Tengo un poder inmenso en mí.
- Mis sentimientos y pensamientos pueden ser diferentes, pero son excelentes.
- Aunque cometa errores o no sea aún quien quiero ser, me amo y me tengo confianza.
- Tengo capacidad para lo que me proponga.
- Cuando deseo expresarme, lo hago.
- Tengo la facilidad de cambiar para mejorar.
- Mi vida me procura alegrías.
- Siempre pienso que las cosas son sencillas y las realizo sin atemorizarme.

- Cuando hablo con otras personas me siento seguro.
- Apruebo lo que hago y estoy perfectamente bien.
- Tengo necesidades y debo satisfacerlas. No todo son responsabilidades.
- Cuando necesito algo puedo pedirlo con amabilidad y facilidad.
- Siento amor por lo que hago.
- Me siento tranquilo.
- Acepto cada detalle de mí mismo.
- Estoy contento con lo que soy.
- Vivo mi intimidad felizmente.
- Actúo con confianza.
- Siento alegría en todas las cosas que hago.
- Transmito y recibo alegría y así siento gozo.
- Me abro hacia el amor de otras personas.
- Vivo en un clima de tranquilidad y amor propiciado por mí mismo.
- Así como todas las personas, merezco recibir aprecio.
- Me escucho a mí mismo.
- Me siento espontáneo.
- Utilizo mis virtudes en cosas productivas.
- Presto atención a mi cuerpo y a mi interior.
- Siento agrado por la vida, y me siento feliz de estar en este momento aquí.
- Tengo valor y fortaleza.
- Siento confianza en mí mismo.
- Tengo gran capacidad y puedo hacer lo que me proponga.
- Ante un problema no me preocupo en demasía, más bien trabajo en solucionarlo.
- Soy un ser hermoso en todos los aspectos y todos me tienen aprecio.
- Cuando realizo cualquier cosa la hago con voluntad y aprecio.
- Mi vida es fascinante.

- Tengo mucho optimismo, por eso tengo una gran actitud.
- Soy cordial y considerado conmigo mismo.
- Me tengo respeto.
- Acepto a las demás personas con sus defectos y cualidades.
- Todos me aman.
- Estimo a todas las personas que me rodean.
- Me siento bien conmigo mismo y estando a solas también.
- Me amo a mí mismo, por eso invierto mi tiempo en cosas positivas.
- Cuando surgen problemas puedo controlar las situaciones.
- Como persona que soy merezco que quienes tienen obligaciones, me procuren lo necesario.
- Hago valer mis derechos con voz firme y segura.
- Tengo gran poder en mi mente y puedo hacer lo que en realidad desee.
- Estoy contento con lo que soy.
- Mi voz es serena y clara cuando hablo porque me tengo confianza.
- El placer es parte de mi vida porque tiendo a la felicidad.
- Me comunico con Dios.
- El amor está en todos los lados, en donde vaya y en donde esté.
- Acepto mis triunfos con alegría.
- Gracias a mi creatividad puedo crecer.
- Siento gozo ante la vida.
- Mis familiares y mis amistades reciben mi paciencia.
- Cuando me expreso me siento en confianza, de tal manera que puedo mostrar mi actitud afable.
- Sé que estoy protegido por la fuerza que es Dios.
- Acepto mis limitaciones, pues la grandeza se me da en otros aspectos.
- Poseo una gran imaginación, cuya fuerza me permite crear un nuevo universo, de tal modo que vivo mi vida en mi propio mundo, donde todos son como yo quiero que sean.

- Si realizo algo, trato de hacerlo lo mejor que pueda, pues tiendo a la excelencia.
- Me abro ante las nuevas cosas que me trae la vida.
- Me escucho a mí mismo, por eso siempre hago respetar mis decisiones.
- Siento que el éxito está cerca de mí.
- Camino, hablo y me dirijo con confianza.
- Sé que me irá bien en todo lo que haga.
- Cuando tomo decisiones nadie ni nada me puede impedir.
- No dejo que los problemas sean los protagonistas de mi vida.
- Tengo tranquilidad en mi interior.
- Lo que deba hacer lo hago con vitalidad y entusiasmo.
- Nada es imposible para mí.
- En todas mis acciones me muestro con confianza y la irradio.
- Estoy creciendo cada día, pues tiendo a la perfección.
- Soy coherente con lo que hago y digo.
- Puedo influir considerablemente en los demás.
- Siempre me cuido y estoy alerta ante cualquier situación que podría ser peligrosa.
- Soy feliz aun en las cosas sencillas que haga.
- Nadie más que yo puede darme permiso para hacer las cosas. Soy dueño de mi vida.
- Tengo las energías que me presta el universo para hacer lo que me dispongo.
- Si alguien me ofrece su amistad o su amor, lo acepto cordialmente, pues me agrada corresponder.
- Puedo dar mucho amor y puedo recibirlo también.
- Soy así, soy de este modo y así me amo.
- En cada experiencia buena o mala, aprendo nuevas cosas y las utilizo a mi favor.
- Las cosas negativas que me rodean y que poseo las elimino o no las alimento, pues no van con la grandeza de mi persona.
- Mis pensamientos y mis acciones giran alrededor de cosas positivas.

- Acepto mis errores y no me condeno por ellos.
- Mantengo un equilibrio en mi vida porque eso promueve a mi estado de bienestar.
- No necesito que otras personas me brinden seguridad, porque ella nace en mi interior.
- Sé respetar los espacios de cada persona.
- Si hay algo que impide mi crecimiento y la satisfacción conmigo, mismo lo atravieso.
- Sé entender la libertad y la necesidad de todos en especial de quienes amo.
- Cada persona tiene sus razones de ser, por eso los acepto como son.
- Soy capaz de escuchar a otras personas porque tengo paz en mi interior.
- Me agrada compartir con los demás.
- Sé respetar las creencias de quienes me rodean.
- Me agrada compartir momentos agradables con mis amistades.
- Mis expresiones sexuales las vivo plenamente.
- Soy como quiero ser.
- Estoy lleno de virtudes.
- Sé que no todo me puede salir como espero, pero en la mayoría de casos sí y eso es grandioso.
- Sé que todas las personas valen mucho, por eso soy capaz de ayudar a quienes lo necesiten.
- Conozco lo que quiero en la vida y sé a dónde quiero ir y a dónde quiero llegar.
- Mi vida tiene un sentido, no es que se sume como un vivir por vivir.
- Las necesidades que se me presentan las satisfago porque me aprecio mucho.
- Cuando necesito ayuda, lo pido fácilmente y con amabilidad.
- Cada parte de mi organismo y de mi anatomía es tan compleja y maravillosa, tiendo a la perfección.

- Mis sentimientos son puestos en conocimiento con facilidad.
- Dejo que mi comportamiento sea natural y espontáneo.
- Si de pronto se generan reacciones violentas o depresivas, que expresen poco amor propio en mi día, dejó que se vayan y, en cambio, traigo la paz de un campo de flores.
- Cuando doy amor, lo hago porque me complazco haciéndolo y no porque espere algo a cambio.
- Si siento dolor o penurias, no lo escondo, pero me reconforto rápidamente.
- Encuentro en mi entorno y en mí mismo armonía.
- Me concentro en mis vivencias del presente.
- Quiero ser un triunfador y lo lograré. El fracaso está muy lejos de mí.
- Cuando encuentro debilidades en las personas de mi entorno, soy comprensivo.
- Soy capaz de irradiar la alegría que me da la vida.
- Amo y soy amado.
- Estoy consciente de que no todos pueden pensar de la misma manera, por eso acepto las opiniones distintas de los demás, pero sin que influyan en las mías.
- Aunque siempre opte por obedecerme a mí mismo, no rechazo tajantemente lo que puedan decir los demás.
- Los defectos que pueda tener son aceptados porque es inteligente hacerlo.
- Soy solidario con las personas que me rodean.
- Reflexiono sobre mis comportamientos y al hacerlo mejoro porque me corrijo. Siempre estoy mejorando.
- La juventud está y estará en mi ser porque mantengo esa fuerza y entusiasmo juvenil.
- Estoy lleno de poder y de entusiasmo.
- En mi interior hay un campo de absoluta libertad, por eso puedo ser lo que me proponga.
- En lugar de instalar pensamientos pesimistas en los demás, brindo optimismo.

- Cualquiera sea la enfermedad o vicio que tenga, la dejaré atrás para darme una nueva vida saludable.
- Confío en que mi curación será exitosa.
- El pasado quedó atrás, ahora vivo el presente.
- Las posibilidades están abiertas y puedo escoger lo que yo deseo.
- Puedo manejar mis emociones porque tengo el poder de controlarme.
- Ante mis comportamientos negativos sé tomar consciencia sin recriminaciones.
- Desde ahora comenzaré una nueva vida, en donde yo sea el protagonista de todo el universo.
- Viviré cada día de mi vida apreciando todo cuanto acontece, lo viviré al máximo.
- Soy dueño de mi cuerpo y sé manejarlo cuando tengo que expresarme.
- Formo parte de un universo tan complejo y de millones y millones de seres, sin embargo, soy único.
- Siento felicidad y paz.
- Cada cosa que tenga que hacer lo hago bien.
- Acopio mis energías y las libero en cosas positivas.
- Exploto mi lado creativo para ser grande.
- Siempre estoy reflexionando sobre mi vida y lo que hago, eso me ayuda a ser yo mismo.
- Si hay algo o alguien que me produzca daño lo aparto de mí y con firmeza y confianza me libero.
- En mi interior hay tranquilidad y alegría.
- Amo la vida, amo los seres en proceso de ser porque es un milagro de la vida.
- Si me siento mal o si tengo una enfermedad, además de tratarme me curo usando mi fuerza mental.
- De mi interior nace la fuerza que, llena de luz, me va curando.
- Poseo muchas habilidades aunque otros lo ignoren.

- Me he encontrado a mí mismo, ahora soy quien era en realidad.
- Una nueva vida me espera, por eso me siento feliz.
- Cuando tengo que hablar lo hago con elocuencia. Pronuncio bien cada palabra y mantengo un timbre de voz moderado.
- Siento que estoy conectado con toda la energía del universo.
- Nadie puede hacerme daño porque siempre seré proclive a curarme.
- Encuentro satisfacción cuando pienso en mí mismo.
- Las decisiones que tomo son correctas, pues de un modo o de otro siempre serán para bien.
- Vivo cada momento de mi vida con plena consciencia de mis actos.
- Aun sin decir palabras, puedo transmitir el amor que siento por mí mismo y por los demás.
- Empiezo a ver todo desde una perspectiva que jamás vi. Ahora comprendo el milagro de ser yo mismo.
- Acopio mis energías y las libero en cosas positivas. Doy las gracias a quienes me ayudan y no me las guardo en mí mismo.
- Voy encontrando lo que debo hacer y voy llenándome de valor para realizarlo. Lo puedo hacer.
- Todos tenemos un espíritu de grandeza infantil, y yo lo demuestro espontáneamente.
- Si estoy en un grupo de personas, no me dejo influir por ellas. Mantengo mis ideas con claridad y lo expreso tranquilamente.
- Me motiva la vida y lo que puedo hacer estando aquí.
- Me he aceptado y me amo tal como soy.
- Exijo respeto porque es una obligación en cuanto humano que soy.
- Soy maravilloso y eso siempre lo tengo en claro.
- Si en el pasado ocurrieron experiencias negativas, lo dejo atrás porque ahora estoy en otro momento y en otro lugar.

- Me libero de todos mis pensamientos negativos.
- Las energías de todo el universo se transportan en cada célula, en cada parte de mi cuerpo y están en cada partícula de mi ser. Lo puedo sentir.
- Las cosas que debo saber las aprendo fácilmente. Soy muy inteligente.
- Miro directo, con confianza. Nadie me hace bajar la mirada.
- Me siento bien conmigo mismo, por eso puedo expresar sentimientos positivos. Soy amable con las personas y puedo comprenderlas.
- Cuando tengo que consultar algo, lo hago con suma confianza. Mis pasos son decisivos y naturales.
- Si cometo un error, no estoy repitiéndomelo constantemente o lamentándome por ello, simplemente lo acepto.
- Siempre tengo buena autoestima, por eso acepto con una sonrisa sincera mis logros y mi grandeza.
- Si he cometido un error, no culpo a los demás ni vivo lamentando eso, sino lo acepto y trabajo en olvidarlo implantando sólo aspectos positivos.
- Las adicciones no forman parte de mi ser, soy sano y tengo un futuro excelente, mientras disfruto y trabajo en el presente.
- Cuando me siento triste lo acepto, pero no por ello me siento menos o no me valoro.
- Trabajo en mejorar, y sé que para ello debo esforzarme concentrando todas mis cualidades.
- Sé diferenciar entre lo que me ayuda y lo que me destruye, como también sé diferenciar entre lo que debo aprender y debo rechazar.
- Trato de reunir conocimientos para poder ayudarme a mí y a los demás.
- Ahora me encuentro en este lugar y en este me momento y de este modo porque yo elegí el camino, así como puedo llevarlo por diferentes y hermosos senderos.
- Siempre estoy motivado gracias a lo bello de la vida.

- Si encuentro trabas en mi desarrollo, las atravieso con mi poder de libertad.
- Cuando otras personas me necesitan, acudo en su ayuda sin cambiar mi forma de ser y pensamiento. Siempre soy yo mismo.
- Cuando miro a cualquier persona, comprendo que hay un universo dentro de sí.
- Me sonrío a mí mismo, me siento satisfecho.
- Me concentro sólo en el presente y busco la grandeza del futuro.
- Tengo sentimientos y puedo demostrarlos.
- Sé amar y también me aman.
- Me rodeo con gente que es optimista y tiene respeto consigo misma y conmigo.
- Siempre quise hacer algo y lo fui postergando o no me atreví a hacerlo, pero ahora me siento capaz, lo lograré.
- Busco en mí el talento más resaltante para desarrollarlo.
- Busco en mi interior y encuentro lo que deseaba.
- Doy rienda suelta al niño que hay en mí, me divierto y realizo actividades sanas.
- Cuando mi «yo» me pide algo, le hago caso, pues expresa mis máximos deseos.
- Me agrada pasar tiempo con mi propia persona.
- Aprendo de cada experiencia y de cada persona, en distintos lugares y en distintos momentos.
- La fuerza que me da la vida funciona por mi propia energía. De modo que puedo diseñar mi futuro con el presente.
- Hay gente que me necesita y yo voy en su ayuda.
- Reflexiono siempre sobre lo que estoy haciendo y, si lo disfruto y es fructífero, lo hago con gran entusiasmo.
- No me dejo influenciar por lo que dicen los demás, yo mantengo mi propia visión y mis propias ideas.
- Me amo a mí, amo mi cultura, mi raza, mis costumbres... amo todos mis aspectos.

- No me siento inútil, sino con sumo poder de hacer las cosas bien.
- Cuando tengo la opción de elegir entre los conflictos y la paz, elijo la paz.
- Las vacilaciones no son parte de mi ser, pues asumo las cosas con confianza.
- Los problemas son inundados por la paz que emerge de mi interior.
- No guardo sentimientos negativos, por eso sólo tengo buenas intenciones.
- Cuando cometo un error me perdono a mí mismo.
- Cuando me miro en el espejo me siento bien conmigo mismo. Soy lo que soy y eso es maravilloso.
- Acepto mi grandeza, mis méritos y mis talentos.
- He comprendido que hacer comparaciones no sirve de nada, pues cada persona es auténtica.
- Todas las personas son valiosas, pero me concentro en mi propia riqueza personal.
- Distingo entre los caminos llanos y luminosos de los agrestes y oscuros; escojo lo que es mejor para mí.
- Abrazo la felicidad infinita que rodea mi ser y proviene de cada cosa del universo.
- Me comunico con Dios, soy uno con ÉL y en eso radica el principio de mi grandeza.
- Sé valorar a las personas de mi entorno porque así como yo también son importantes.
- Me gusta compartir esta alegría que llevo dentro y lo hago con amabilidad.

4. Al terminar de escuchar la grabación de las frases más significativas para ti, deberás ir «activando» tu cuerpo: levantando tus brazos, estirando tu tronco, poniéndote

derecho y dando las fuerzas a tus piernas. Abre los ojos y observa la diferencia. Ahora estás siendo otro y estás lleno de energías para ser tú mismo, para hacer lo que siempre deseaste.

EL PODER DE LA IMAGINACIÓN

Un arma estratégica y eficaz para potenciar la autoestima es la imaginación. Cuando hagas este ejercicio, procura estar relajado y sumamente cómodo, pero con cuidado de no dormirte mientras lo practicas.

Imagina una situación que te cause incomodidad, culpabilidad o irritación. A continuación visualízate actuando de la forma que hubieras querido y regístralo en tu memoria, de tal manera que cuando aparezca una situación similar actúes como lo quisiste. Imagínate cosas agradables en donde tú te muestres exitoso y satisfecho.

Cuando se te aparezcan pensamientos negativos, reemplázalos por esta imagen.

ESTRELLA
DE CUALIDADES

CINCO PERSONAS, CINCO CUALIDADES

Reunirse con cinco personas asemejando las cinco puntas de una estrella. A continuación sentarse en la forma de la estrella o en forma circular y repartir papelitos en blanco con el nombre de cada integrante en la parte de atrás.

En los papelitos escribe una cualidad de la persona que te tocó, pero no escribas el nombre del autor, pues debe ser anónimo. Se juntan los papelitos, se mezclan y se lee en voz alta por una sola persona o cada integrante. Al final de la lectura se pueden agregar más virtudes en voz alta.

Al final se puede revelar los autores de cada papelito. Para que sea más ameno y resulte de modo natural se puede acompañar con bocaditos y sodas.

De lo que se trata es de exaltar las cualidades en lugar de incidir en los defectos como generalmente se suele hacer. Con ello se busca valorar lo que cada persona es y buscar la apreciación tanto de uno mismo como de los demás.

UNA NUEVA IMAGEN

YO SOY...

En los espacios en blanco o en una hoja en blanco responde las preguntas propuestas. Piensa lo que vas a escribir, pero procura que sea una respuesta espontánea. Haz caso a los primeros pensamientos que te invadan.

No olvides que ahora comprendes lo valioso que eres, pero ante todo busca la sinceridad en tus respuestas:

1. ¿Qué es lo que más eleva tu autoestima? Describe el / los hecho(s) que exaltan tu autoestima.

_____

2. ¿Cuál es el mayor triunfo o logro en tu vida?

_____

3. ¿Qué respondería tu mejor amigo o un familiar de mucho aprecio si tuviera que decir qué es lo mejor de ti?

    _____

4. Si te pidieran describirte en tres palabras, ¿qué dirías? Escríbelo, pero procura que sólo sean cualidades.

    _____

5. ¿Qué consejo o forma de pensar siempre está presente en las cosas que haces? ¿Cuál sería el mejor mensaje que dejarías a una persona?

    _____

6. Si tienes pareja responde: ¿qué aspecto positivo resaltaría él (ella) de ti?, ¿por qué consideras que lo haría?

    _____

7. ¿Cómo desearías ser recordado cada vez que te tengan en mente?

    _____

ESCUCHANDO AL «YO» INTERIOR

Todos tenemos una voz que resuena en nuestro interior. Puede decirnos tanto cosas positivas como negativas. Como no nos hace ningún bien escuchar las cosas que consideramos negativas en nuestra persona, buscaremos la forma de convencerle a nuestro «yo» sobre virtudes, talentos, logros, alegrías y satisfacciones que tenemos. De ese modo podremos transformar el sonido de una pantanosa trampa en una hermosa música de violín o de piano: es un día hermoso, voy a hacer mis tareas gozoso, voy a ser amable, risueño,...

De lo que se trata es de enfocarnos en nuestras cualidades para a partir de allí abrirnos ante todo lo demás. Desde allí trataremos de cierta manera a las personas que nos rodean, desde allí venceremos nuestros defectos, desde allí nos iluminaremos para empezar el día, para actuar en situaciones difíciles. Esa voz interior, ese «yo» es nuestra consciencia que comanda nuestra manera de ser; a través de ella se nos abre la posibilidad de desarrollarnos como persona, y por supuesto en la autoestima.

La voz de la consciencia permite que seamos lo que somos, por ello ¡cuán importante es trabajarla! Cada vez que se te acerque un pensamiento negativo elimínalo de tu interior.

EJERCICIO:
UNA CITA CONTIGO MISMO

En el siguiente ejercicio busca conocerte otra vez, aunque creas que ya sabes lo que quieres y lo que te gusta. Pregúntate como si tratara de investigarte aun en las partes más profundas e inubicables que hay en tu interior. Descubre que maravilloso es conocerte a ti mismo.

1. Quiero aprender / saber

    _____

2. Algo que no volvería hacer es

    _____

3. Si algo no me sale como esperaba, yo

    _____

4. No me es posible tolerar

    _____

5. Casi todas las personas que conozco

   _____

6. Aquello que más agrada de mí es

   _____

7. Hay algo que no me gusta en mí y es

   _____

8. Lo que quiero ser o lograr en la vida es

   _____

9. No soporto que…

   _____

10. Hace poco me ocurrió algo bueno fue que

    _____

11. Lo que más me agrada es

    _____

12. En ciertas ocasiones quisiera

    _____

13. Me causa temor

    _____

14. Me siento orgulloso de

    _____

EVALUACIÓN:
¿CUÁNTO TE QUIERES?

Saber cuanto nos queremos es saber como está nuestra autoestima. En el siguiente test encontrarás preguntas relacionadas a la vida cotidiana, las cuales son síntomas de la imagen que tenemos de nosotros mismos. Los pensamientos y sentimientos en nuestra forma de actuar y de ser forman la autoestima.

Escribe con un aspa (X) en la respuesta con la que te identifiques, pero sé sincero(a) en lo posible, pues sólo así podrás crecer.

El aspa debe ir de acuerdo a estas categorías:
- Nunca (N)
- A veces (A)
- Con mucha frecuencia (C)
- Siempre (S)

Resultados
Suma el puntaje de cada columna y multiplica según la categoría.

- Nunca **(N)** = Multiplicar por **1**
- A veces **(A)** = Multiplicar por **2**
- Con mucha frecuencia **(C)** = Multiplicar por **3**
- Siempre **(S)** = Multiplicar por **4**

	S	C	A	N
1. Estoy feliz o contento				
2. Cuando me presentan a personas o cuando empiezo a conocerlas me siento incómodo				
3. No dependo de otras personas				
4. Siento temor de asumir retos				
5. Estoy melancólico				
6. Cuando conozco a las personas me siento bien				
7. Si algo no sale bien pienso que es mi culpa				
8. A las personas les resulto agradable				
9. Es normal cometer error tras error				
10. Mi empeño hacen que las cosas me salgan bien				
11. A las personas les parezco desagradable				
12. Es inteligente corregir los errores				
13. Siento que todos son mejores que yo				
14. Si hago lo que los demás quieren que haga seré reconocido				
15. Siento que soy muy importante				
16. Fracaso en todo lo que hago				
17. Siento que los demás se burlan de mí				
18. Cuando me critican sé reconocer las que me pueden ayudar, las demás las desecho				
19. Me río del mundo				
20. Me da igual lo que digan o hagan				
21. Estoy satisfecho con mi estatura				

	S	C	A	N
22. Las cosas que hago tienden al éxito				
23. Puedo expresar lo que siento sin sentirme cohibido				
24. No me agrada mi estatura, quisiera medir diferente				
25. Tomo en cuenta los reconocimientos que me hacen				
26. Soy capaz de reírme de mis errores				
27. No expreso lo que siento				
28. Tiendo a la perfección				
29. Cuando sé que otros no logran lo que deseaban me siento alegre				
30. No me agrada mi físico				
31. Huyo ante posibles nuevas vivencias				
32. Soy tímido				
33. Cuando tengo que asumir retos lo hago				
34. No me gusta hacer algo nuevo, por eso siempre busco "peros"				
35. Todos dependen de mí				
36. Todos cometen errores más graves que los míos				
37. Soy violento				
38. Me incomoda tener que cambiar				
39. Me gustan las aventuras				
40. Cuando otras personas logran lo que deseaban me alegro por ellos				
TOTALES DE CADA COLUMNA				
TOTAL				

Suma los puntajes totales y con el resultado ya puedes interpretar el test:

1. **160-104/ 73-40**
   Es posible que tengas demasiado alta o baja autoestima.

2. **103- 84 / 83-74**
   Tu autoestima fluctúa moderadamente. Felicitaciones.

TESTS DE EVALUACIÓN PROFUNDO

Hay partes en nuestra persona que son más fuertes y más débiles. Para descubrirlas y empezarlas a cambiar, realiza el siguiente test con toda honestidad. Recuerda que no hay respuesta buena o mala, sólo importa que te conozcas a ti mismo(a) para dar un salto al crecimiento personal.

Contestar «Sí» o «No» de acuerdo a lo que siente o piensa:

1. Pienso que me es posible ser el/la mejor en lo que me proponga:

   SÍ   NO

2. Estoy satisfecho(a) con mi apariencia (no solamente física, sino tomada de un conjunto que hace juego con tu personalidad):

   SÍ   NO

3. Me considero interesante en mi forma de ser:

    SÍ   NO

4. Siento confianza en lo que hago:

    SÍ   NO

5. Me relaciono con las personas de manera agradable y ello me satisface:

    SÍ   NO

6. Me siento el/la dueño(a) de mi propio destino:

    SÍ   NO

7. Yo mismo(a) tomo mis decisiones:

    SÍ   NO

8. Puedo cumplir mis objetivos si me lo propongo:

    SÍ   NO

9. Sé cuales son mis cualidades:

    SÍ   NO

10. Pienso que a menudo causo simpatía o doy buena imagen:

    SÍ   NO

11. Nunca me comparo en apariencia física con alguien que considere más atractivo(a) que yo:

    SÍ   NO

12. Recibo los cumplidos con amabilidad y me alegro por ello:

    SÍ   NO

13. Con facilidad puedo hablar y relacionarme con personas de buen aspecto físico del sexo opuesto:

SÍ   NO

14. Cuando empiezo a relacionarme con personas que no conozco, no tengo ningún problema:

SÍ   NO

15. Tengo aficiones y gustos por algo en especial:

SÍ   NO

16. Considero mi salud como un factor importante, por eso siempre me cuido de las cosas/alimentos/productos dañinos:

SÍ   NO

17. Veo con aire optimista mi vida:

SÍ   NO

18. Estoy contento con quien soy ahora, no deseo ser como otras personas:

SÍ   NO

19. Cuando hablan sobre mis errores los acepto y no me siento ofendido:

SÍ   NO

20. Estoy contento(a) con lo que hago:

SÍ   NO

Cuando la respuesta sea un «**NO**» en cada pregunta, quiere decir que aún falta potenciar tu autoestima por lo que deberás trabajar en dicha área específica. Vuelve a los ejercicios de repetición de voz grabada para un mejor resultado.

Las respuestas «**SÍ**», indican que la autoestima en dicha área determinada es óptima. Felicitaciones.

EJERCICIO:
EL SABIO DE LAS MONTAÑAS

Este ejercicio es muy interesante en tanto que se trata de descubrir lo mejor que hay de uno. Hay un mensaje acaso escondido en nuestro interior y debemos liberarlo para nutrirnos de él.

En un lugar cómodo, sentado o tendido y con los ojos cerrados, observa la oscuridad que hay en derredor; luego observa como un punto de luz se abre para hacerte ver a un sabio solitario caminando en silencio absoluto, lentamente sobre las montañas tranquilas.

Ahora visualízate a ti mismo como un punto diminuto por la lejanía, hasta acercarte al sabio y hacerte grande. Lo observas y el sabio te dice:

- *Te estaba esperando.*

Y van caminando a lo largo del camino. Ahora pregúntale quién eres tú, cómo eres y qué debes hacer. No olvides la frase que dictará el sabio... Es una frase que te transmitirá esperanzas y fortaleza. Escríbelo, pero antes observa bien al sabio: Eres tú mismo. Guarda el mensaje que te dejó y léelo siempre.

NACISTE
PARA GANAR

DESDE ANTES DE NACER FUISTE YA UN GANADOR

Anónimo

Amigo, no olvides que fuiste un ganador
desde el momento en que naciste;
es más, desde antes de nacer,
cuando te engendraron.

En la gota de esperma
había miles de espermatozoides
lanzados a la caza del óvulo
y todos nadaban con la máxima
rapidez que les era posible.

¡Había millones de ellos!
Y tú fuiste el primero.
Ganaste la primera carrera
en la que participaste.

¿Y así hay días en que te sientes perdedor?

DESDE QUE NACIMOS FUIMOS TRIUNFADORES

Desde antes de nacer luchamos en el organismo materno por ser quien se aparezca en la vida. Nos impusimos y lo logramos. Ahora estamos aquí, hemos crecido, hemos aprendido a leer, concebimos ideas y sentimientos, tenemos la capacidad de hacer cualquier cosa, pues el hombre con ideas y voluntad ha logrado grandes hazañas. Tenemos consciencia y cuerpo para hacer lo que dicte el sentido que le encontramos a la vida; sin embargo, es mucha la gente que vive con un «chip de perdedor». Acaso suene exagerado, pero es la verdad. Las situaciones económicas mundiales, familiares, lo que transmiten los medios de comunicación van instalando (casi siempre sin saberlo) una serie de información que al momento de actuar comandan y son dueños de nuestras acciones.

Observa a tu alrededor, parecen seres automáticos destinados a comer, dormir, trabajar, tomar autobús, contestar su celular, etc. Pocos son los que siembran en su interior ideales y proyectos, por eso son pocos los que en realidad se sienten bien consigo mismo o triunfan.

Observa a los adolescentes. Ellos ya han sido programados para vestirse de tal modo, decir cierta jerga, hacerse cierto peinado, fijar el valor en algo material, creer que lo foráneo es lo mejor, sentir que la mayor virtud es tener el cuerpo perfecto. La televisión les transmitió esa información y los automatizó, ahora la mayoría de ellos viven así.

Al ser adultos ya tenemos un chip insertado de cómo sentirnos, cómo actuar en base a nuestras experiencias con los padres, los profesores, los familiares, las amistades, la religión. Ahora tenemos una cosmovisión, una apreciación de los demás y de nosotros mismos en base a esos factores.

¿Pero cuánto hay de nosotros? Si hay una sensación de pesimismo, significa que hay poco de nosotros, pues en realidad somos ganadores. ¿Recuerdas cuando de pequeño querías aprender a caminar una y otra vez aunque te cayeras? ¿Recuerdas que no te quedabas retraído sino que deseabas investigar todo lo de tu alrededor cuando te ponías objetos en la boca? ¿Recuerdas que pensabas que podías ir hacia lugares lejanos? ¿Recuerdas que deseabas cosas que te decían que era imposible? No lo recuerdas...

Pero cuando niño aún conservabas tu actitud de ganador. Ahora que poco ha quedado de ello, cada vez que crees que es una locura lo que piensas, que es imposible, cada vez que tienes miedo de caminar para acercarte a alguien, cada vez que te quedas callado y aunque lo desees no hablas, cada vez que piensas como todos porque debes hacerlo así...

¿Lo puedes entender? Nosotros fuimos creados con gran capacidad, siempre aspirábamos al logro, tomábamos riesgos, hacíamos esfuerzos, nos reíamos mucho y fuerte; pero de eso fue quedando poco, pues todo nuestro entorno nos envolvía con neblinas de fracaso, de temores, de vergüenzas, de culpabilidad, de sentimientos inferiores, etc. Nos programaron, seguro inconscientemente, para ser perdedores.

EXTRAER EL CHIP Y DESECHARLO

Ahora que lo has recordado, debes sacarte el chip y salir de todo ese gran alimentador de humanos con vida automática. Ahora sabes que tienes decisiones, piensas por tu propia cuenta, deseas cosas diferentes y puedes lograr lo que desees. No permitas que te «controlen», que te inserten visiones ajenas de la vida. Sólo tú puedes interpretarla.

Ahora eres libre y sonríe por eso. Nadie lo sabe, sólo tú y unos cuantos tal vez. Es maravilloso haberlo descubierto.

LIBRE CON NOSOTROS MISMOS

Al haber obtenido esta libertad hemos incrementado nuestro poder, y si sabemos lo que queremos hacer y a dónde queremos llegar, nadie nos puede detener, y quien diga que es imposible, que hablamos cosas sin sentido, no entiende nada, aún sigue con el chip insertado; a veces es mejor dejar que se supere solo sin darle explicaciones. Escúchalo y sonríe en tu interior, pues tú ya has comprendido algo importante.

¿Alguna vez soñaste con tener mucho poder? Ya lo tienes, está en ti reflejarlo como lo desees.

ENFRENTANDO EL TEMOR

Es posible que sientas sorpresa o temor ante tanto poder, pero es lógico, tantos años de haber estado sometido a una inmensa ola de pensamientos ya diseñados que formaron tus actitudes.

A veces suele ser muy difícil enfrentar todo esto, pues en la niñez tal vez existieron factores que te hicieron sentir que no importabas mucho; tal vez el interés de tus padres estuvo depositado en tu hermano(a), o en el colegio los profesores se encargaron de promocionar a un muchacho «talento» haciendo comparaciones absurdas; o tal vez te sentiste burlado por algún defecto físico, etc., y ello hizo que te sientas años y años acomplejado, rencoroso o con poco valor. Era entonces muy difícil decir «ese no soy yo», o de imponerte respeto y amarte porque eras muy joven para hablar a los adultos e inspirar la seriedad que amerita el caso.

Como consecuencia fuiste perdiendo la noción de quien eras realmente. Olvidaste que eres un ganador, que naciste para triunfar. Pero el potencial nunca fue retirado de ti, sigue allí sin ser utilizado, esperando ser puesto a trabajar.

La elección es fácil: o continúas con esa autoimagen errada y perjudicial de ti mismo viviendo una vida insatisfecha que te da sólo infelicidad, o eliges abrir camino a quien eres realmente, para despertar el potencial que siempre estuvo en tu persona. Lo difícil es la realización, pues hay personas que no pueden liberarse tan fácilmente.

Lo dramático de la situación es que esos sentimientos se van transmitiendo de generación en generación, creando pesimistas y actitud de perdedores.

LA SOLUCIÓN

Realmente es complicado salirse del yugo que nos instauraron, es difícil aceptar la libertad y actuar como seres libres. Tantos años de habernos impuesto un chip de información no fue en vano, llegó a influenciar en nosotros e incluso producir la mayor parte de lo que somos, pero ahora tú puedes asistirte. ¿Ya botaste el chip pero aún está grabado en tu ser? Eso es natural. Ahora debes luchar y para ello entrarás en tu propio cerebro, a insertar otra información: a «formatearte».

Pasos:

1. Primero debes aceptar ser tu propio guía, pues debes ser el autor de tus propios pensamientos e ideales para crear el rumbo de tu vida.

2. Ahora abre tu mente al secreto, el cual te dará la clave: todo lo que aprendiste puede ser reemplazado por un nuevo aprendizaje, de modo que puedes reemplazar todo aquello que te dijeron, todo aquello negativo que te hace susceptible al fracaso. Hazlo mediante la repetición, mediante lecturas que enriquezcan dichos ideales y mediante la fuerza que guarda dentro.
3. ¡Ahora reinvéntate!
4. Dirige tu vida, sé tú la única voz que obedeces.

TÉCNICAS PARA SER TÚ MISMO

Sólo cada persona puede aceptar el cambio, nadie más que nosotros puede hacerlo. Ahora, tal vez quedarán algunas dudas, o habrá quienes quieran rebatir que nunca en su niñez ni en su adolescencia fueron influenciados poniendo como ejemplos temas drásticos, como decir que si les hubieran dicho que se acueste sobre las rieles de un tren en funcionamiento nunca lo habrían hecho. Pero lo que no se está viendo es la influencia «indirecta», que operó en nuestra mente para traer diversos tipos de actitudes y comportamientos. Por ejemplo, nos fueron instaurando creencias, al decirnos «esto es bueno» esto es malo» «no puedes hacer eso, porque sino...», «nadie cuerdo hace tales cosas», etc.

Ahora tú te concentrarás en buscarte y reinventarte para buscar tu autenticidad. Lo que buscarás será desechar todo lo negativo que anida en tu interior y dejar únicamente lo positivo haciendo un previo análisis.

*   Para lograr encontrar lo que estás buscando, debes dejar toda tu mente en blanco, vaciar todos tus pensamientos de moralidad, tus creencias, tus miedos, tus rencores... todo. Debes quedar en blanco.

*   Ahora vas a crear una ruta de desviación de todo aquello negativo que hay en ti y que te influencia significativamente.

Imagina que la ruta de desviación es similar a los de las rieles en el tren, pues bien, así podrás optar por otra opción cada vez que se te presente un sentimiento negativo.

Ejemplo 1: Cada vez que te sientas cohibido al dirigirte a una persona desvía el pensamiento hacia los sentimientos de la grandeza que hay en ti y que has descubierto.

Ejemplo 2: Cuando sientas deseos de comer algo que no es sano y estás en un régimen dietético, desvía tu deseo a la obligación de hacer un deporte o de hacer una caminata.

- Se trata, pues, de un cambio: lo negativo se vuelve en positivo tanto en el pensamiento como en el comportamiento.

- Para ello es necesario conocer tus aspectos negativos y encontrar la causa. Si no has realizado los ejercicios que se te han propuesto en este libro, es muy recomendable que regreses a ellos y los realices, en momentos que no absorban tu tiempo. Si es que te sientes demasiado ocupado, por ejemplo, puedes resolver los ejercicios sencillos en el autobús, antes de acostarte, etc.

- También es necesario conocer tus aspectos positivos para guiarte y buscar fortaleza a partir de allí.

En resumen: haciendo una síntesis encontramos dos factores que son la clave para nuestra verdadera libertad:

1. Se necesita estar conscientes de nosotros mismos, de nuestras actitudes erróneas y positivas para saber lo que debemos eliminar y lo que debemos instaurar.

2. Se toma la ruta de desvío que consiste en el reemplazo de lo negativo por lo positivo.

Ten en cuenta que aunque el proceso parezca simple requiere de empeño, pues las cosas no siempre funcionan con facilidad, sin embargo, son posibles. Sólo debes estar armado de 3 elementos importantes: voluntad, dedicación y acción.

UN PROBLEMA: QUERER AGRADAR A TODOS

Un problema fundamental en el proceso de nuestra libertad y el poder que hay en nosotros es aceptar que no siempre podemos agradar a todas las personas con las que nos relacionamos. Siempre habrá un motivo que provocará disgustos a otras personas, pero ello es parte del proceso que nos encamina a la libertad, a la búsqueda de nosotros mismos; pues la decisiones que tomemos, la forma en que manejemos nuestras vidas puede desagradar a nuestro entorno, ya sea porque no creen que hagamos lo correcto y quieran ayudarnos o porque envidien nuestra superación.

En tu trabajo, en tu centro de estudios, en tu hogar pueden haber contradicciones, por lo cual deberás actuar de forma amable; de ningún modo te exaltes, compréndelos, pero sin abandonar tu forma de pensar ni tus decisiones.

Recuerda que hacerles caso sólo por no causar conflictos o por quedar bien te sumergirá en la esclavitud de los preceptos de otros y ello te sumergirá en el fracaso.

AUTOESTIMA Y TOMA DE DECISIONES

Las personas que omiten sus opiniones e ideas lo hacen a menudo porque prefieren no generarse ningún problema con los demás o porque desean agradar a todos.

Se caracterizan porque a menudo dejan que las decisiones de otros se impongan, pues temen crear riñas entre sus familiares, compañeros y amigos. Desean que todos les guarden simpatía o se sientan a gusto con su persona, sin embargo, ignoran que son víctima de una baja autoestima.

¿Por qué desear ser aceptado por todos a cualquier precio? Ese comportamiento no es de una persona que se quiere a sí misma.

Lo declarado no significa que no te preocupes por el bienestar de los demás ni por las buenas relaciones con las personas de tu alrededor, no obstante debes preferir tu superación a través de tus decisiones. Debes recordar que el bienestar de los demás debe fomentarse sin que por ello se vea afectado tu desarrollo.

SIENDO NOSOTROS MISMOS

Procura usar la libertad que ya sientes en tu ser y no guardes temor ni te abstengas de expresar lo que sientes. Recuerde que tú tienes derecho al libre pensamiento y a tomar tus propias decisiones, pero ello no quiere decir que hablarás cosas de carácter ofensivo dirigido en forma particular hacia alguien, o que hablarás mal de una persona a sus espaldas. Has desarrollado tu persona lo suficiente como para guardar valores de respeto y dignidad, tanto de ti como de los demás.

Hay algo importante que debes tener en cuenta y para lo que debes prepararte: una vez que hayas tomado la decisión de ser libre y de actuar en base a ello, es posible que algunas personas que te rodeaban se alejen al observar que tú ya no eres el mismo que hacía caso a lo que sugerían. Pueden observar ese cambio orientado hacia la independencia, y puede que te vean difícil de ser influenciado, en consecuencia te harán preguntas que intenten cohibirte o que intenten hacerte volver al que eras antes. Si tú has tomado la seria decisión de ser auténtico, entonces debes mantenerte en tu línea, nadie tiene que moldearte. Ya sabes tú quién eres.

En ese proceso de reconocimiento, encontrarás que se alejarán muchos de los que creías tus amigos y sólo algunos permanecerán, pues bien, tienes la posibilidad de rodearte de nuevas personas, pero más que nada concentrarte en tus logros.

Ahora, ten cuidado sobre las personas que te aconsejen, pues a veces suelen ser negativas en lugar de ayudarte. Cuando los oigas sé respetuoso, expresa lo que sientes sin temor pero con un trato cordial. No te impresiones ante personas que, con su pesimismo o negatividad basada en sus propias experiencias de fracaso o producto de su sentimiento de inferioridad disfrazada de realismo, traten de convencerte para abandonar tus planes y objetivos.

FACTOR DE ALERTA ROJA

Ahora que ya tenemos en claro todo sobre nuestra libertad falta un tema importante: se trata de una persona en especial que siempre está influyendo en su vida. No es fácil realmente ignorar a tal persona porque la amamos o porque sentimos que es necesario estar con ella. Por ejemplo, puede que se trate de tu madre, de tu pareja, de tu tía, etc.

Es posible que nos importe tanto, de tal manera que deseemos su aprobación o su cariño a partir de lo que hacemos en base a lo que dichas personas deseen. Este es un asunto muy complejo que de ninguna manera pretendemos tomarlo a la ligera, ya que se trata de una especie de dependencia.

No habría problema si esas personas tan importantes en nuestra vida tomaran con buena actitud nuestras decisiones, el problema radica en que tratan de persuadirnos con sus síntomas de tristeza, de enojo o de cólera a abandonar nuestros sueños. Tratan de frenar (sin ser muy conscientes) nuestro desarrollo.

¿Por qué sucede esto? A menudo la causa radica en que dichas personas se sienten inseguras con respecto a nosotros. Creen que una vez que alcancemos nuestra independencia, nuestros éxitos nos perderán porque las dejaremos atrás al no estar a nuestro nivel o por dejarlas olvidadas. Son síntomas de algún conflicto interior de esas personas, pero que aun así nos aman.

Anular nuestros sueños o recortar nuestros intentos triunfales es mutilar la grandeza para la que estamos hechos. De ninguna manera debemos permitirlo porque a la larga nos sentiremos frustrados o echaremos la culpa de nuestra insatisfacción a otros sin razón alguna, pues quien dirige nuestras acciones y nuestras decisiones somos nosotros mismos.

Nadie desea herir a sus padres, a su pareja, a sus amigos o a sus familiares, pero lo cierto es que nadie puede detener nuestras ganas de vivir con un sueño y con la autonomía de nuestro propio ser. Si acaso nos tratan de impedir y nos ponen obstáculos con sus actitudes o con sentimientos de culpabilidad, (que inconscientemente suelen ser un arma muy poderosa) es mejor alejarnos. El tiempo nos dará la razón y, para ello, tú habrás vivido lo que debiste ser, ya sea para lograr el éxito o para abrirte el camino del éxito basándote en las experiencias que tuviste.

Pero puede suceder que sea difícil alejarte de dichas personas, por que los amas y son tu pareja o tus padres, entonces debes tener cuidado de comentar tus planes y las decisiones que tomes. No se trata de crear un mundo de mentiras, sino de saber guardar los asuntos de tu vida. Por ejemplo, si te preguntan por qué tardaste (y tú estás llevando estudios para tu superación), lo mejor será que contestes cosas generales que no den pie a preguntas. No se trata de esconder, se trata de guardar para ti mismo lo que haces y lo que decides.

Si acaso quisieran darte un consejo negativo sobre lo que debes hacer y sobre tu persona, no discutas, simplemente exprésales que por ahora no los deseas escuchar.

Si son muy exigentes a tal punto de amenazar tu integridad, lo mejor será que te alejes en busca de tu independencia.

LA ÚLTIMA CLAVE: LA PERSEVERANCIA

Ahora que ya conoces hacia dónde te debes dirigir, ahora que ya te conoces tal como eres, y ahora que ya sabes cómo debes trabajar en valorarte y encumbrarte hacia el éxito, debes saber algo último:

Las cosas no se logran por el hecho de desearlo o por hacer un solo intento (casi nunca funciona así), toda aquella decisión de ser quien quieres ser, de elevarte hacia la grandeza y de conseguir tus sueños manteniéndote seguro de ti mismo, necesitan el último ingrediente para consolidarse: la perseverencia.

Gracias a la perseverancia puedes fallar, aprender de tus errores, mejorar y otra vez intentar; puedes luego hacer un mejor intento hasta lograrlo. Una vez logrado siempre tenderás a la mejoría o a la perfección.

Nunca te rindas ante un obstáculo, pues la puerta del éxito se encuentra incluso detrás de la puerta del fracaso siempre y cuando estés concentrando tu atención en ello. Existe mucha gente que persistió, dos, tres, cuatro, cinco veces y se rindió, ignorando que si hubiera realizado otro intento más, hubiera logrado lo que tanto añoraba.

LA LLAVE DEL ÉXITO

La llave del éxito se llama «perseverancia». Es una llave un tanto difícil de maniobrar porque no siempre logra abrir la puerta que deseamos. Sin embargo, tenemos la certeza de que abrirá la puerta un día, muy pronto, mientras más lo intentemos. Nunca abandones la llave, ni la dejes olvidada o postergada si no abriste la primera puerta. Un día abrirá, aun el día que menos te imagines, pero eso sí, sigue probando.

¿Qué hacer si por más que intentas no consigues lograr lo que te has propuesto?
Persevera.

Si te has cansado de buscar tu realización y no obtienes resultados...
Persevera.

Si sientes que ya nada tiene sentido porque nada funciona...
Persevera.

Cuando te encuentres ante un gran problema que parezca imposible de resolver...
Persevera.

Cuando hayas fracasado múltiples veces...
Persevera.

> *Siempre persevera, y así encontrarás
> lo que tanto buscas.*

Printed in Great Britain
by Amazon

15910570R00075